Au-delà du cheval de rêve

Comment créer une relation authentique avec votre cheval

Par
Michael Bevilacqua

Publié pour la première fois au Canada en langue originale anglaise en 2010 par Michael Bevilacqua sous le titre de *Beyond the Dream Horse : A Revealing Perspective on Attaining a True Relationship.* © 2010 Michael Bevilacqua, Québec, Canada. www.beyondthedreamhorse.ca
Imprimé à Charleston, en Caroline du Sud, aux États-Unis.

Traduction française : Lysianne Rondeau
© 2013 Michael Bevilacqua
Photo et conception de la page couverture : Monica Bretschneider

ISBN 10 : 1491281332
ISBN 13 : 978-1491281338

Lysianne Rondeau

Lysianne Rondeau est traductrice à la pige et interprète de conférences. Elle est diplômée de l'Université Laval à Québec. Après avoir lu *Beyond the Dream Horse,* elle a ressenti le besoin impérieux de le traduire, parce qu'aucun livre exprimant un message similaire n'est disponible en français.

Elle s'intéresse aux façons alternatives de concevoir les animaux, la nature, la santé, le mode de vie, le travail et l'éducation. Dans ses temps libres, elle aime cueillir et transformer des plantes médicinales. Elle habite à la campagne, au Québec.

Vous pouvez lui écrire à <u>lysianne.rondeau@gmail.com</u>.

Table des matières

*

*

Merci à JR Big Leo de m'avoir choisi et, avec son grand coeur, son humour et sa patience, d'avoir ouvert mes yeux et mon âme.

Avant-Propos

-Robert Cook, FRCVS, PhD, Professeur émérite de chirurgie à la Tufts Cummings School of Veterinary Medicine; Président, BitlessBridle Inc.

Certains livres sur les chevaux sont éducatifs, certains sont inspirants et certains, comme celui-ci, sont les deux à la fois. Michael Bevilacqua, un Québécois, décrit son cheminement d'une décennie de découverte en tant qu'homme de cheval, qu'il a commencé au milieu de sa vie. Les descriptions de leur première rencontre avec les chevaux faites par des individus matures sont inhabituelles. Si cette personne n'a pas été aveuglée par la tradition, est dotée d'un esprit curieux et a un bon sens de l'observation, il est probable que ce qu'elle voit soit novateur. Michael Bevilacqua possède toutes ces qualités. Son histoire est d'un intérêt spécial parce que la décennie durant laquelle son cheminement s'est produit, entre 2000 et 2010, se trouve être un point tournant dans les 5000 ans de l'histoire de l'équitation. Comme il l'écrit, durant cette période, un 'vague de changement' a eu lieu.

À 37 ans, l'auteur était un nouveau propriétaire de cheval et se posait beaucoup de questions. Il raconte ses premières expériences avec la gestion traditionnelle d'écurie et essaie ensuite le programme de Pat Parelli, le Join up de Monty Roberts et d'autres méthodes. Il n'adopte aucune de ces méthodes, mais il choisit par contre la gestion sans fers. Il élimine bien vite le mors en faveur d'un licou, élimine le licou en faveur d'une bride croisée sans mors et, avec le temps, élimine la bride croisée en faveur d'un cordéo. De propriétaire novice, il devient un dresseur « sur demande », un représentant des brides sans mors et aide à lancer le forum international du site Web de la Nevzorov Haute Ecole. Au départ, il montait pour le plaisir, puis il a fait de la randonnée, avant de développer un intérêt pour le dressage, et finalement, il préfère interagir avec les chevaux au sol pour créer le partenariat qu'il recherche.

Comme dresseur, il dit ne suivre aucune « méthode ». Il évite les routines de dressage visant la production de servants humbles et obéissants et favorise plutôt une approche basée sur le renforcement positif qui encourage la confiance et la coopération volontaire. Sa relation avec le cheval n'est pas celle entre un enseignant et un élève. Son approche peut être caractérisée par les trois piliers de la sagesse : écouter le cheval avec amour, faire confiance à notre interprétation du ressenti du cheval et communiquer plutôt que contrôler. Bref, se faire l'ami du cheval.

Les lecteurs ont accès à des indices sur la façon dont Alexander Nevzorov atteint sa relation de rêve avec un cheval. Au-delà de cela, ils en savent plus sur les découvertes personnelles de Michael Bevilacqua concernant la nature du cheval. Ils apprennent, par exemple, que l'amitié d'un cheval n'est pas transférable à une autre personne. En chemin, les lecteurs peuvent découvrir un nouveau monde et la monte devient 'juste une petite partie de ce qui est possible'.

Introduction

Les sentiments, contrairement aux subtilités de la vie moderne, sont plutôt simples. Ils sont bons, ou ils ne le sont pas. Le regret, la solitude, la frustration, la colère, l'ennui ou la tristesse peuvent surgir lorsque notre cerveau et notre coeur suivent des chemins divergents. J'espère que ce livre vous aidera à faire encore plus confiance à votre ressenti par rapport à ce qui est bon pour vous et votre cheval. Ce livre pourrait être d'une valeur inestimable pour quelqu'un qui pense adopter son premier cheval. Introduire les changements désirés n'est pas aussi compliqué ou obscur qu'on pourrait le croire. Par ce livre, j'espère vous donner la force, le courage et la confiance dont vous aurez besoin pour suivre votre propre instinct. Il n'est pas facile de se débarrasser de tout ce qui s'est accumulé en nous durant notre vie. Beaucoup de choses étouffent la flamme contenue dans notre cœur. Le plus souvent, cette flamme continue à briller faiblement, cachée très profondément en nous.

Les idées préconçues abondent dans la relation entre les humains et les chevaux et sont plutôt bien ancrées. Nous avons tendance à accepter les idées du passé, à conserver ce que nous savons déjà, à vivre selon ce que nous avons appris en grandissant, à perpétuer les habitudes acquises. Il est souvent bien plus simple de faire cela que de devoir vivre avec une nouvelle perspective qui se trouve juste devant nos yeux ou dans notre cœur, même quand nous sommes à la recherche de cette perspective. Il s'agit de déni ou d'égoïsme, ou peut-être même de peur. Il n'est pas facile de sortir des sentiers battus lorsque tout le monde parcourt ces sentiers et essaie de ramener ceux qui en sortent dans le droit chemin. Nous ignorons trop souvent nos propres sentiments et ne valorisons pas assez notre propre expérience. Parfois, même nos propres compréhensions, sans le soutien nécessaire, peuvent simplement disparaître derrière le bruit du quotidien. Nous pouvons nous sentir perdus. À un moment, cela m'est arrivé.

Mon but est de présenter une perspective différente pour que d'autres personnes puissent vivre à partir d'une nouvelle compréhension, pas seulement d'eux-mêmes, mais aussi de leurs chevaux. Cette possibilité, si souvent ignorée, a toujours existé. Ce livre ne traitera pas spécifiquement de techniques de dressage, d'équipement ou même de recherches scientifiques, même si ces points sont explorés lorsque je relate ma propre expérience d'apprentissage. Ce livre est plutôt centré sur la relation humain-cheval. Au lieu de présenter de nouvelles théories sur les chevaux, je veux vous aider à redécouvrir quelque chose de beaucoup plus ancien. Il est possible pour tout le monde de voir avec des yeux neufs et un esprit renouvelé.

Des souvenirs des chevaux que j'ai connus me reviennent... Ces chevaux étaient là pour aider les gens à réaliser leurs rêves. Les gens me demandaient, à moi, l'étranger, de rendre ces rêves possibles. La relation était très différente avec ces chevaux, qui n'étaient pas les miens. Les brefs moments partagés avec eux étaient magnifiques. Ces expériences ont inévitablement changé ma vie.

La plupart des chevaux ont vécu une autre vie avant de nous connaître, où ils étaient considérés comme inadéquats ou imprévisibles. Après des tentatives brutales pour leur faire adopter le comportement voulu par les humains, et à la suite de leur échec à s'adapter, de nombreux chevaux sont éliminés ou négligés. À partir du moment où ils sont placés dans la catégorie des « fous », la négligence ou l'isolement peuvent les rendre fous. Ils étaient considérés comme des chevaux « pas cassés » ou « pas cassables », ou, suivant le nouveau terme, ne pouvaient pas être débourrés. Toutefois, vendre ces chevaux à de nouveaux propriétaires était plus avantageux que de les envoyer à l'encan des chevaux destinés à l'abattoir. Ceux qui survivaient à cette phase pouvaient ensuite vivre avec de nouveaux propriétaires pleins d'espoir. Par conséquent, ils étaient souvent considérés comme inadéquats et imprévisibles, donc dangereux. Les nouveaux propriétaires n'avaient, pour la plupart, jamais eu de cheval auparavant. J'ai aidé beaucoup de ces nouvelles paires humain-cheval.

Certains des chevaux que j'ai connus en donnant des cours ou lorsque j'étais entraîneur sont présentés plus en détail ici à cause de l'impact qu'ils ont eu sur ma façon de voir les chevaux en général. Ces chevaux rescapés et magnifiques m'ont donné un petit morceau de paradis. Des chevaux sensibles, doux, pleins d'humour, de paix, de curiosité, de patience, de caractère, de compréhension et de bonne volonté, toujours prêts à donner le meilleur d'eux-mêmes malgré leur passé difficile.

Pour ces gens, la poursuite de leur cheval de rêve était devenue réalité. Malheureusement, même si ces chevaux avaient une deuxième chance, lorsque le rêve ne se révélait pas aussi merveilleux que prévu, à la fin, d'une façon ou d'une autre, c'est toujours les chevaux qui en payaient le prix.

Le temps que j'ai passé avec quelques-uns de ces chevaux fantastiques est mon histoire. C'est aussi leur histoire. La seule chose que nous pouvons faire est de la partager avec le monde qui nous entoure. En même temps, cette histoire raconte la beauté que certains ont découverte.

Je ne vous ferai pas simplement un récit de mes expériences avec les chevaux, mais je vous raconterai plutôt ce que j'ai appris de ces expériences. Les résultats sont beaucoup plus importants pour moi que l'histoire elle-même. Je ne parle pas des performances que le cheval a accomplies. Je vais apporter d'importantes clarifications à propos de certains termes que j'utilise dans mon livre parce qu'il est très important de les comprendre. Certains termes ont un sens qui s'éloigne légèrement du vocabulaire généralement utilisé dans le monde du cheval. Je dois m'efforcer d'expliquer clairement ce que j'ai appris des chevaux. Toutefois, je crois que ceux qui ont vécu des expériences similaires vont facilement comprendre ce que j'ai écrit. Les secrets et les trésors provenant du cœur ne sont pas faciles à décrire. L'émotion pure de l'esprit n'est pas aisément compréhensible. Pourtant, certaines personnes, un peu partout dans le monde, vont comprendre *exactement* ce que je décris. Il y a de plus en plus de personnes ouvertes à cette autre perspective dans le monde et les chiffres continuent d'augmenter.

Les histoires qui suivent contiennent du bon et du mauvais, mais seulement en surface, selon les circonstances. D'après ma perspective, j'ai toujours pu apprendre quelque chose qui soit me brisait le cœur, soit me frappait par sa beauté. Il est facile de généraliser dans le but de marquer un point, mais c'est souvent injuste. Toutefois, je remarque souvent que d'autres personnes ont la même attitude et les mêmes réactions que moi dans certaines circonstances.

Aucun propriétaire de chevaux ne se considérera comme une personne cruelle. Pourtant, le cheval est pour certains un objet aussi utile et jetable qu'un briquet non rechargeable. Les chevaux peuvent causer des déceptions immenses selon leurs attentes personnelles et émotionnelles. Je suis triste quand je vois des personnes qui veulent poursuivre leur rêve, sans toutefois investir le temps et les efforts nécessaires, même si elles disent aimer leur cheval. Ce qu'elles semblent aimer en réalité est le sentiment qu'elles poursuivent. Elles semblent avoir besoin de combler un vide en elles ou dans leur vie. Je n'écris pas à propos des gens qui achètent un cheval pour appartenir à un groupe ou pour les aider dans leur travail. Leur manque d'intérêt envers le cheval est flagrant. Les histoires suivantes concernent des gens d'origine, de style de vie et d'âge différents, qui étaient tous à la recherche de quelque chose d'indescriptible et à la fois très réel. Même si ces personnes ont joué un rôle dans les histoires, je me concentre surtout sur leurs chevaux.

Parfois, voir quelque chose de nos propres yeux ne suffit pas pour effacer l'étiquette apposée sur un cheval par des personnes qui ne connaissent rien du cheval en question. Des mots murmurés derrière les portes de l'écurie ont le pouvoir d'effacer les expériences personnelles merveilleuses de bonheur et les moments précieux partagés avec le cheval. Dans certains cas, et au détriment du propriétaire plein d'espoir, ce que les gens disent à propos du cheval est considéré comme la vérité. À ce moment-là, un minuscule écart par rapport au comportement acceptable peut devenir la raison principale du rejet total du rêve. La même chose s'applique lorsqu'il s'agit de suivre la norme. Plus les gens se concentrent sur ce qu'ils ne veulent pas ou sur leurs peurs, plus la situation empire, et plus le cheval est isolé. J'ai été témoin de situations qui se sont détériorées à cause de la peur du propriétaire, qui préférait cesser son apprentissage personnel pour laisser le cheval à un entraîneur sévère qui le « corrigerait ». Dès lors, toute l'attention portait sur l'anticipation et la recherche de comportements indésirables. Certains de ces chevaux ont dû endurer ce processus, et il était inutile de répéter la même approche puisque c'était justement à cause de ces approches qu'ils avaient été mis de côté et vendus. Le cheval était condamné, sans considération aucune pour les journées pleines de joie et de plaisir et l'élévation de l'esprit ressentie par le propriétaire, sans tenir compte du progrès du cheval. La poursuite du cheval de rêve devenait parfois une histoire romantique dénaturée. La peur gagnait, ainsi que le doute. Ceux qui s'attendaient à ce que leur rêve leur soit livré sur un plateau d'argent revenaient la plupart du temps bredouilles.

L'impatience et le manque de communication, d'expression, de clarté et de connaissances, et même la pression sociale, peuvent être mortels – pour les chevaux.

Heureusement, une grande majorité de gens commence

à se remettre en question. La science a fourni des faits qui justifient des changements dans la façon de traiter les chevaux. Ces changements bénéfiques pour leur santé sont pertinents aujourd'hui, alors que nous ne nous fions plus aux chevaux pour assurer notre survie. Les gens commencent à douter de certaines techniques de dressage, même s'ils n'ont pas de vraie raison pour les changer. Certains refusent complètement d'accepter certains faits. Même si beaucoup a changé, il est improbable que l'humanité se mette d'accord quant à sa vision des chevaux ou pour n'importe quoi d'autre. Pourtant, certains sentiments sont universels : nous sommes tous des êtres humains.

Je présente dans ce livre des faits ou des situations que beaucoup de personnes dans le monde du cheval considéreraient comme impossibles à réaliser pour un cheval. Je garde espoir que les exemples et les recherches rendent un jour possible le changement de certaines idées reçues ou de nos croyances bien ancrées. Plusieurs faits ont été découverts lors de recherches effectuées dans un passé éloigné sans avoir exercé d'influence sur notre propre façon d'agir avec les chevaux. Les changements les plus significatifs et encourageants proviennent des personnes elles-mêmes. Certaines des plus grandes réussites entre l'humain et le cheval n'ont rien à voir avec la science ou la recherche.

Compte tenu de l'augmentation de la conscience que j'ai remarquée dans le monde récemment, l'instinct, pour moi, signifie suivre la petite voix ou le sentiment qui vient de l'intérieur de mon cœur, ou prendre le temps de voir la vie avec les yeux d'un cheval. Peut-être, de la même manière, est-ce d'être vraiment honnête avec soi-même. Ironiquement, prendre le temps d'observer et de réfléchir au lieu de chercher des réponses à l'extérieur de soi peut nous rapprocher de nous, des chevaux, de la nature et de ce que nous voulons, plus que tout ce que nous aurions pu imaginer. Dans le monde où nous vivons, ce voyage peut être l'un des plus difficiles à poursuivre. Cette flamme fragile et souvent ignorée qui brille dans notre cœur va à l'encontre des normes extérieures oppressives. Ceci est notre chance de la ramener à la vie.

Suivre un instinct, dans ce cas, ne signifie pas devenir un animal. Toutefois, c'est en contactant notre vrai moi intérieur que nous nous en rapprochons. Nous l'oublions parfois, mais nous sommes des animaux. Ou peut-être pas. C'est seulement un mot. Ce sont les hommes qui classent tout par catégories. Je me réfère ici à notre être véritable, pas à ce que nous avons été conditionnés à vivre dans notre monde. L'homme, parce qu'il croit être supérieur au reste du monde, a créé la plupart des problèmes devant être réglés. Il y a beaucoup d'impasses dans la vie. Nous en sommes une, mais il pourrait en être autrement.

Au premier coup d'œil

Même si j'avais étudié la plupart des méthodes d'entraînement connues, je n'adhérais à aucune théorie en particulier. Lorsque je travaillais avec un jeune cheval sans expérience sous la selle, je n'appliquais pas de méthode universelle et je n'utilisais aucune technique en particulier pour calmer les chevaux qui paniquaient, qu'ils soient jeunes et inexpérimentés ou plus âgés et effrayés par les gens. Je me retirais toujours avant que le cheval atteigne cet état. Les dresseurs que les gens admirent le plus sont ceux qui font obéir un cheval le plus rapidement possible. Personnellement, je ne forçais jamais un cheval à réussir un exercice précis en une seule séance. Je suppose que je le laissais me dire ce qui était acceptable en tout temps. Aux yeux de la plupart des gens, cela ne faisait pas de moi un très bon dresseur. Cependant, les chevaux me suppliaient de continuer à agir différemment.

Je me souviendrai toujours d'un événement important qui s'est produit lorsque j'ai acheté mon premier cheval. À la fin d'une séance d'entraînement, un contact visuel momentané a eu lieu. Mon cheval vivait encore chez la femme qui me l'avait vendu et un de ses employés s'occupait de lui donner les bases du dressage. La propriétaire de cette ferme reste l'une de mes plus grandes inspirations dans le monde équestre. Elle avait beaucoup d'expérience avec les chevaux. Même si elle suivait des principes traditionnels la plupart du temps, les encouragements et les trucs qu'elle m'a donnés m'ont beaucoup éclairé. Elle m'a aussi partagé sa connaissance des chevaux en dehors du manège.

Nous terminions une séance d'entraînement au trot sous le regard inquisiteur de la dresseuse pendant que les trois chevaux qui étaient avec nous quittaient le manège. La dresseuse nous a fait faire un tour supplémentaire pendant que les autres propriétaires sortaient par la porte ouverte avec leurs chevaux. Mon cheval était déterminé à suivre les autres. Je pouvais ressentir à quel point il était désespéré. Il n'a pas tenté de se précipiter vers la porte alors que j'étais sur son dos, mais il était clair qu'il n'accepterait pas de rester seul dans le manège. Il était né et avait grandi à Shamrock, en Saskatchewan, dans les grands espaces à perte de vue, avec des dizaines d'autres chevaux. Nous avions eu une bonne séance et j'étais satisfait. Mais pas la dresseuse. Elle a refermé la porte et essayé de regagner l'attention de mon cheval. Elle ne voulait pas d'un cheval dépendant du troupeau et c'était moi qui étais censé être le patron. Elle a insisté pour que je remonte en selle et termine ce dernier tour. Le cheval paniquait. Il n'était ni en colère ni agressif, mais il semblait terrifié. Je regardais la dresseuse se battre au sol avec lui, rênes en main, et je pouvais constater que tout ce qu'elle obtiendrait était de la frustration. De plus, le cheval remettait en question son professionnalisme ou le diminuait devant les observateurs, ce qui, selon moi, a dû l'embarrasser et empirer la situation. Elle a commencé à crier et à tirer sur les rênes attachées au mors Pelham. Mon cheval s'est cabré et ce faisant, il m'a regardé, avec ses yeux remplis de peur et de douleur. J'ai été frappé par son regard. Cela n'a duré qu'un moment, mais j'y ai vu un appel à l'aide. L'espoir que moi, même si j'étais pratiquement un étranger, je pourrais faire quelque chose. Même si je trouvais cette situation déplaisante et même si je comprenais que ce cheval ne voulait pas être séparé des autres chevaux, je me fiais uniquement aux réactions physiques que je voyais. Je ne croyais pas vraiment que mon cheval pouvait avoir des sentiments. Voilà pourquoi ce regard momentané m'a tellement surpris. Le message que j'ai ressenti m'a frappé comme une tonne de briques. C'était la première fois qu'un cheval me « parlait » aussi clairement. Ou bien était-ce peut-être la première fois que je le remarquais.

Cela a été l'un des moments importants dans la formation de ma propre conception du cheval. Je n'ai jamais exprimé mon désaccord par rapport à ce que je voyais dans les écuries d'entraînement; j'ai seulement décidé d'agir différemment. Toutefois, tout n'avait pas encore changé pour moi.

Je n'avais pas vraiment de plan et je ne me considérais pas meilleur que les autres pour dresser les chevaux. Je ne me considérais même pas comme un dresseur. Pour la première fois, je commençais à réaliser que ce qui se passait dans le monde qui m'entourait contrastait grandement avec mes idées initiales concernant la possession d'un cheval. L'esprit vivant du cheval n'était pas ce qui m'avait attiré en lui. Cela se reflétait dans toutes les autres écuries où je l'avais mis en pension. Regardez l'allée centrale de n'importe quelle grande écurie et prenez une photo de cette allée. Elle est très similaire au couloir d'une prison. Pourtant, comment illustrons-nous les chevaux généralement? Libres et au galop. Certaines écuries ont même adopté un nom magnifique avec un logo de cheval ailé, ou bien l'image d'un drôle de cheval qui sourit, ou d'un cheval qui galope librement dans un pré. La réalité est bien différente, non? Cela va même au-delà de la façon dont nous traitons les chevaux au quotidien. Néanmoins, je me trouvais toujours prisonnier de la norme. La pression sociale nous ramène toujours à l'ordre, nous forçant à oublier ce que, de temps à autre, nous ressentons. Jamais je n'ai rencontré quelqu'un qui partageait mes idées dans les écuries où mon cheval a été en pension.

Ce bref regard est demeuré en moi. Je n'étais plus le même après ce jour. Ce n'était pas une décision instantanée, délibérée et consciente, mais cela a certainement été un facteur qui m'a guidé dans toutes les décisions que j'ai prises par la suite. Les confrontations avec les normes sociales, les discussions répétitives à propos de l'humain étant le maître et le leader et l'obligation de freiner le cheval dans ses moindres mouvements m'incommodaient de plus en plus. Malgré tout le matériel accessible dans le monde équestre, je sentais que je n'en savais pas assez. La plupart de mes actions étaient basées sur une petite étincelle dans mon cœur, non seulement depuis ce jour dans le manège, mais aussi depuis que j'avais choisi mon cheval. Même si cela peut sembler cliché, je peux dire que c'est lui qui m'a choisi.

Je m'étais rendu au ranch pour voir un cheval Canadien. J'avais arrêté ma décision sur un cheval noir et solidement charpenté. Je pouvais voir ses os solides, ses muscles qui brillaient au soleil, alors qu'il se tenait debout au sommet d'une colline, sa crinière fournie caressée par le vent. En tout cas, lorsque je me suis dirigé, tout seul, vers le box du Canadien, j'ai ressenti, même à ce moment-là, que quelque chose n'allait pas avec ce cheval. Ce que je ressentais, et je m'en souviens très bien, était que ce cheval semblait souhaiter un rapprochement, tout en étant simultanément submergé par la méfiance ou la peur. Peut-être que son comportement était adressé au cheval derrière moi, mais cette pensée est venue seulement après coup. Je voyais quelque chose de très subtil dans ses yeux, sa tête et son attitude corporelle. À ce moment-là, c'était seulement une impression, comme si j'étais en face d'une personne aux yeux fuyants. J'ai reculé et me suis mis à arpenter l'allée d'un côté à l'autre; JR Big Leo se trouvait juste en face du Canadien. Je ne m'étais jamais vraiment intéressé aux chevaux de couleur pie. Il s'est approché des barreaux métalliques avec un regard que je n'arrive pas à décrire, même aujourd'hui. Toute son attitude a conquis mon coeur. J'ai quand même essayé d'approcher le Canadien, et j'ai passé une heure à aller de mon « cheval de rêve » à Big Leo. Je n'ai pas seulement laissé derrière moi mon idée du parfait cheval canadien; j'ai aussi quitté l'écurie avec Big Leo, le Paint Horse, qui devenait ainsi mon nouveau compagnon.

J'avais déjà une expérience superficielle avec les chevaux, mais c'est avec Big Leo que j'ai commencé à me diriger vers la vérité. Il existe tellement d'autres façons de traiter les chevaux aujourd'hui, différentes de la manière habituelle. La plupart du temps, les chevaux ne servent qu'à satisfaire les besoins de l'ego humain et sa propre satisfaction émotionnelle. Dans mon cas, c'était plutôt le contraire. Mes idées préconçues et mon besoin de me comporter suivant les normes s'étaient évanouis. Un processus subtil et continu prenait place en moi.

Maintenant, avançons dans le temps. Quand Leo est sorti de l'école de dressage, il a facilement compris la différence entre un dresseur ordinaire et moi. J'ai découvert qu'il acceptait le mors, mais qu'il ne me laissait pas monter s'il en portait un. Je n'étais jamais sévère ni tendu lorsque je montais à cheval et je laissais toujours les rênes lâches. Toutefois, il me parlait par ses actions. Son attitude était un casse-tête que je devais essayer de résoudre pour comprendre son message.

Ceux qui le voyaient agir me donnaient les habituelles suggestions. La plupart du temps, on me disait que je devais utiliser un mors plus sévère. En regardant différents modèles, je ne pouvais pas me résoudre à insérer un objet de métal dans une bouche aux tissus si sensibles. Les mors tordus et épineux sont restés à la boutique. Lorsque nous étions seuls, je ne le montais presque jamais parce que je commençais à avoir peur quand je le faisais. Je me rappelle encore la seule fois où il a fait du rodéo à travers le manège lorsque je le montais à l'école de dressage. Au virage, il est allé d'un côté et moi de l'autre. Je me suis retrouvé dans le sable avec trois côtes meurtries. C'était la première fois que quelqu'un d'autre le sellait, et c'était aussi la dernière fois que je laissais quelqu'un d'autre faire quelque chose que j'aurais dû faire moi-même.

En ce qui concerne le retrait du mors, c'est arrivé par accident, comme la plupart des leçons que j'ai apprises, et c'est Leo qui m'a montré la voie. J'ai remarqué qu'il était vraiment calme seulement s'il portait un licou et à ce moment-là, si j'essayais de le monter, cela ne semblait pas lui poser problème. Mon problème a été réglé immédiatement. J'allais retirer le mors. Les gens ont pensé que j'étais fou.

Je suis allé plus loin : lorsque nous avons quitté le ranch, je pouvais le monter au pas et au trot. Nous n'avions jamais galopé. Il nous restait à régler certains détails. Le morceau de métal carré situé contre sa joue pivotait et le blessait lorsque je faisais une rêne ouverte. Cela a commencé à m'ennuyer, alors j'ai cherché une solution. J'ai trouvé la Bitless Bridle du Dr Cook. Après nos réussites et avec l'approbation évidente de Leo, je suis devenu un représentant. Rien n'a changé aux yeux de ceux qui me voyaient monter sans mors. Les autres propriétaires de chevaux pensaient que c'était de la pure folie et me sermonnaient, sous couvert de leurs bonnes intentions, pour essayer de me convaincre de remettre le mors. Cependant, ce n'était pas leur opinion qui comptait à mes yeux. Ce qui comptait était l'acceptation de Leo. Cela m'a ouvert une toute nouvelle voie. Des gens qui nous regardaient travailler et qui ont vu plus tard ce que je faisais avec mes autres chevaux se sont mis à me demander de dresser les leurs. Je suis devenu un dresseur un peu par hasard. Néanmoins, j'avais encore beaucoup à apprendre.

JR Big Leo

Communiquer comme un cheval

Prêt, pas prêt, on replie les oreilles. Beaucoup de gens croient parler le langage du cheval. Ils se basent prétendument sur le comportement du troupeau et la psychologie équine. Bref, ils observent les interactions qui ont lieu entre des chevaux sauvages pour en tirer des théories et appliquent ces théories lorsqu'ils essaient de communiquer avec un cheval, ou, plus souvent, de dominer le cheval... pour que le cheval fasse ce que l'humain veut qu'il fasse.

Les humains, dans leur désir de croire qu'ils ont le droit d'abuser de toutes les créatures terrestres, y compris du cheval, animal si sensible, vont ignorer ce que j'ai dit plus haut et prétendre qu'ils sont un cheval.

Nous avons tendance à considérer les théories créées par notre esprit comme étant la vérité et à utiliser ces vérités pour parvenir à nos buts. En y regardant de plus près, force est de constater que nous voyons uniquement ce que nous voulons bien voir.

Combien de fois avez-vous entendu dire : « Les

humains sont des prédateurs et les chevaux sont des proies »,
« Les yeux humains sont des yeux de chasseurs qui fixent leur
proie alors que les chevaux ont une vision périphérique pour
surveiller les alentours », etc. Ceci n'est pas tout faux, mais il y
a des exceptions : par exemple, une lionne peut faire sa toilette
au milieu d'un troupeau de chevaux qui paissent.

Nous compliquons tellement nos vies en fixant notre
attention seulement sur ce qui confirme nos préjugés. Nous
croyons que des études poussées concernant un élément très
restreint sont exactes et nous en tirons toutes sortes de
conclusions, mais plus tard, lorsque nous considérons cet
élément comme faisant partie d'un tout, ces conclusions se
révèlent fausses. Nous avons du mal à croire ce qui est
déterminé par une nouvelle étude sur les chevaux si les
résultats des analyses physiologiques contredisent nos
croyances préalables. Cela arrive aussi avec les humains. Du
moins, les recherches tendent à s'améliorer et à devenir plus
scientifiques et objectives. Chaque avancée contribue à
diminuer nos fausses croyances.

Les humains sont capables des plus beaux actes
d'amour comme des plus atroces crimes. Une trace de cruauté
subsiste en chacun de nous malgré toutes nos découvertes.
Nous continuons à chercher des réponses à nos questions par
le biais de recherches intellectuelles, alors que le monde est en
train de s'effondrer. Nous attendons de la science qu'elle nous
fournisse des théories nous permettant de construire un
monde qui serait le reflet de nos propres croyances. Le
problème provient de notre croyance selon laquelle le monde
nous appartient et qu'il est sous notre contrôle. Ce qui ne va

pas avec notre façon de comprendre la psychologie du cheval est que nous essayons de l'adapter à notre propre façon de voir le monde. Nous prétendons utiliser nos intuitions les plus sûres alors qu'en réalité, nous les nions. En cas de confusion, les conseils d'un enfant de six ans sont parfois plus utiles que toutes nos croyances et théories. Les réponses sont souvent évidentes, mais nous continuons à refuser de les voir. C'est à ce moment-là que les choses se corsent.

Ce chapitre ne concerne pas le comportement d'une horde de chevaux sauvages. Nous nous pencherons plutôt sur la relation entre l'humain et le cheval.

Nous pouvons parler aux chevaux, mais comprennent-ils ce que nous leur disons? Cela est certainement possible. Le cheval comprend très bien le langage corporel. L'intention est ce qui influence le plus les échanges. Les prédateurs n'agissent pas nécessairement toujours en prédateurs et les proies en proies. Parfois, les comportements typiques entre les proies et les prédateurs sont inversés. J'ai vu des chevaux se relayer dans leurs tentatives pour blesser gravement un chien au lieu de s'enfuir, même s'ils auraient pu le faire. Ici, les comportements habituels des proies et des prédateurs ont été inversés. Peut-être suffit-il de dire que nous appartenons simplement à des espèces différentes. Il n'est pas nécessaire d'imiter les comportements agressifs des chevaux pour leur faire comprendre que nous sommes en colère ou que nous voulons qu'ils s'éloignent. De même, si nous sommes calmes et accueillants, nous ne sommes pas en train d'imiter une jument qui permet à un cheval de rejoindre le troupeau. Non, le fait est que nous nous sentons simplement calmes et accueillants.

Nous ne devrions pas porter un masque dans nos interactions avec les chevaux.

Depuis qu'un membre de notre espèce a utilisé un bâton pour frapper un autre être humain, nous sommes obsédés par le contrôle. La nécessité étant mère de l'invention, nous avons fait beaucoup de progrès, surtout en temps de guerre. Notre capacité à manier le monde autour de nous ne nous donne pas nécessairement le titre d'espèce la plus intelligente sur la planète. Parfois, lorsque nous cherchons une donnée spécifique, nous ne sommes pas ouverts à ce qui se trouve vraiment devant nous. En ce qui concerne les chevaux, nous avons tendance à oublier que nous détenons le pouvoir de l'amour, parce que nous sommes perdus sur le chemin du contrôle. Nos faiblesses humaines nous portent à résister au changement.

Bâtir une relation s'élevant au-dessus de la notion de contrôle avec un animal s'oppose totalement aux conceptions des experts reconnus dans les domaines des sciences et de la psychologie. Nous pourrions analyser ces relations jusqu'à notre mort et arriver à différentes conclusions, selon ce que nous cherchons à prouver, parce que les chevaux sont vivants. Ils réveillent la magie que nous avons dans le cœur, notre imagination, notre capacité à nous émerveiller devant la beauté. Pour toutes ces raisons et bien d'autres, nous sommes fascinés par les chevaux depuis des milliers d'années. Nous continuons tout de même à lutter avec le concept de contrôle.

Les outils traditionnels utilisés pour contrôler un cheval

sont les mêmes depuis des millénaires. Toutefois, la fin du XXe siècle a vu l'apparition de beaucoup de nouvelles techniques qui semblent moins violentes. Cette violence était plus subtile, plus silencieuse, enrobée d'explications enthousiastes et de phrases accrocheuses, et non moins dommageable pour l'intégrité physique et mentale du cheval. Seuls les mots ont changé. Aveuglés par les techniques de marketing modernes, beaucoup de gens ont cru qu'ils avaient trouvé la clé de l'énigme.

J'aimerais me pencher brièvement sur deux méthodes de dressage en particulier. Même si elles sont bien connues et ont déjà été analysées au cours des dernières années, certaines personnes continuent à mal les interpréter. Ces méthodes simples ont été créées par des dresseurs reconnus mondialement. La première est la méthode Parelli. Cette technique divise le dressage en petites étapes facilement mémorisables. Toutefois, il s'agit de renforcement négatif : le cheval ressent de l'inconfort jusqu'à ce qu'il fasse ce qu'on attend de lui. Les chevaux sont suffisamment intelligents pour comprendre qu'ils ont intérêt à obéir à la première demande sous peine de se voir infliger des corrections de plus en plus sévères jusqu'à l'obtention du comportement désiré. À la fin du processus de dressage, le cheval sera très obéissant. C'est aussi simple que ça. L'harmonie a été créée... aux yeux de l'humain en tout cas. La plupart des gens sont très satisfaits des résultats, sans réaliser que, pour le cheval, rien n'a changé.

La seconde technique provient d'une idée très connue. « Un cheval qui se lèche la bouche assimile la leçon. » Cela fait partie du Join-Up de Monty Roberts. L'humain qui voit son cheval se lécher la bouche va être satisfait, puisque cela signifie qu'il a gagné. Toutefois, la réalité est toute différente. En fait, le léchage des lèvres est un symptôme de libération du stress vécu lors d'un traumatisme mental et émotionnel. Un test sanguin indiquerait une augmentation considérable des indicateurs de stress. Cette méthode est encore un renforcement négatif. Le cheval ne comprend pas ce qu'on veut de lui et cela peut inhiber ses apprentissages futurs.

L'idée derrière cette méthode est d'imiter une jument qui repousse un jeune cheval indiscipliné. Le cheval étant un animal social, la séparation du troupeau le met dans un état de détresse puisqu'il perd la protection assurée par le groupe. Lorsque le cheval repoussé accepte de cesser le comportement pour lequel il avait été expulsé, la jument va se détourner légèrement de lui pour lui indiquer qu'il peut regagner le troupeau. Toutefois, notre version du processus se fait dans un manège clos. Le cheval ne peut pas s'enfuir et doit courir en rond et changer de direction devant un agresseur jusqu'à ce qu'il baisse la tête et se lèche les lèvres en signe de soumission.

Ces méthodes sont très populaires et fonctionnent avec la plupart des chevaux. Cependant, ce que je tiens à faire comprendre est que l'interprétation humaine du comportement du cheval est très éloignée de la réalité. Une fois encore, rien n'a changé pour le cheval et beaucoup de gens commencent à le comprendre.

J'ai essayé la méthode Parelli, mais je n'ai pas vraiment approfondi les sept jeux. Je les comprenais, mais je ne voulais pas les utiliser. Ensuite, j'ai essayé le Join-Up. Au début, je pensais que c'était efficace. Le pauvre Big Leo a dû passer à travers tout ça, mais je remarquais sa confusion. Quelque chose n'allait vraiment pas lorsque j'appliquais ces techniques aux chevaux qui m'étaient envoyés en dernier recours. Toutes les belles explications que j'avais entendues à propos de ce que vit réellement le cheval durant le Join-Up se sont effacées devant les réactions de certains de ces chevaux. La méthode continuait de fonctionner jusqu'à un certain point, mais puisque j'ignorais pourquoi ils y répondaient en léchant et en mâchant, j'ai décidé d'abandonner aussi cette méthode. J'ai commencé à comprendre que je devais cesser de chercher des méthodes. Tout compte fait, je m'en tirais beaucoup mieux lorsque je n'en appliquais aucune, comme quelqu'un qui ne connaît rien aux chevaux.

Je ne veux pas inclure trop de détails scientifiques dans mon livre, mais je considère important d'expliquer ce qui se passe vraiment lorsque le cheval se lèche les lèvres. Il n'est pas en train de réfléchir et d'apprendre. Ou bien s'il apprend quelque chose, c'est à se soumettre rapidement dans le but d'éviter un plus grand inconfort.

Le Dr Ian Weaver, du Developmental & Stem Cell Biology Program (programme de biologie du développement et des cellules souches) à Toronto, poursuit des études reliées à l'expression des génomes, à l'influence des facteurs environnementaux sur la réaction au stress et aux conséquences sur le fonctionnement du cerveau. Son travail dépasse de beaucoup la réaction biologique au stress décrite ici.

Lorsque le corps est soumis à un stress, le rythme cardiaque s'accélère, la pression sanguine augmente et le métabolisme des cellules s'active. Les poulains ont des pattes presque aussi longues que celles des chevaux adultes pour pouvoir suivre le troupeau en cas de menace. Les deux réactions principales possibles face à une menace sont généralement la lutte et la fuite. La façon de réagir devant une situation stressante dépend beaucoup de la qualité de la présence maternelle. Les petits bien soignés sont mieux équipés pour gérer le stress.

Les hormones du stress sont produites en période de perturbation et sont traitées par l'un des principaux récepteurs du cerveau, le récepteur des glucocorticoïdes. Ce récepteur déloge les corticostéroïdes (hormones du stress), ce qui diminue le stress. Toutefois, s'il n'y a pas assez de récepteurs, les hormones continuent de circuler dans le corps, ce qui garde l'animal en état d'alerte. Cette réaction est appropriée lors de situations dangereuses, mais une augmentation prolongée ou répétée de ces hormones du stress peut endommager les cellules du cerveau et diminuer les facultés cognitives.

Le cortisol (aussi connu sous le nom d'hydrocortisol) est produit par les glandes surrénales et est un glucocorticoïde naturel. Ses effets sont ressentis dans tout le corps. Il augmente la production de glucose dans le foie, accélère l'assimilation des gras et des protéines, provoque la rétention de l'eau et du sodium et l'excrétion du potassium et freine l'absorption du calcium dans les intestins.

Un article paru dans l'édition de décembre 2003 du magazine Cavallo présentait des explications similaires, contredisant les croyances populaires généralement acceptées au sujet du léchage des lèvres. Les spécialistes consultés étaient :

La docteure Barbara Schöning, *spécialiste du comportement animal, à Hamburg, en Allemagne.*

La docteure Sue McDonnell, *détentrice d'un doctorat en psychologie et en physiologie et Directrice du laboratoire de comportement équin à l'Université de Pennsylvanie.*

Le docteur Francis Burton, *chercheur dans le domaine des neurosciences et comportementaliste à l'Institute of Biomedical & Life Sciences à l'université de Glasgow, en Écosse.*

Lesley Skipper, *auteure du livre* Inside your horse's mind – A study of Equine Intelligence and Human Prejudice. *Madame Skipper habite aux États-Unis.*

Mary Ann Simonds, *écologiste de la faune et du territoire, comportementaliste équin et thérapeute.*

Le docteur Dirk Lebelt, *spécialiste du comportement animal à la Horse Clinic de Havelland, à Brielow/Brandenburg, en Allemagne.*

Andy Beck, *du « White Horse Farm Equine Ethology Project » au nord de la Nouvelle-Zélande, étudie le comportement équin et les méthodes de dressage avec des chevaux Thoroughbred et arabes.*

La professeure Katherine Houpt, psychologue-comportementaliste et physiologiste au College of Veterinary Behaviourists, Cornell University, à Ithaca, dans l'État de New York, aux États-Unis.

La docteure Natalie Waran, experte en comportement équin à la Royal School of Veterinary Sciences de l'université d'Édimbourg, en Écosse.

La docteure Sharon Cregier, éthologiste équin, anciennement professeure à l'université de l'Île-du-Prince-Édouard.

La docteure Willa Bohnet, biologiste et experte en comportement équin au Center for Animal Welfare, à l'école de médecine vétérinaire de Hanovre, en Allemagne.

La docteure Evelyn Hanggi, comportementaliste équin et présidente de la Equine Research Foundation, à Aptos, en Californie.

La docteure Marthe Kiley-Worthington, de l'Eco Research & Education Centre, à Devon, au Royaume-Uni. Madame Kiley-Worthington est la grande dame de la recherche sur le comportement animal et a fondé le Research Stud Druimghiga en 1959.

Andrew McLean, fondateur du Centre for Equine Behaviour en Australie et membre de l'International Society of Applied Ethology.

Tous ces spécialistes ont expliqué, chacun à leur façon, comment le cheval réagit au stress et ont traité de l'influence du stress sur la physiologie et la psychologie du cheval. Je n'ai pas réussi à retrouver l'article, mais il est possible de le lire sur différents forums en faisant une recherche sur le Web.

Je ne cherche pas à définir le bien et le mal. La vérité est acceptée, rejetée ou modifiée selon ce qui convient aux besoins de chaque personne selon les circonstances. Même si les recherches scientifiques qui différencient les interprétations et la réalité peuvent être utiles, je vais les laisser de côté, parce que de telles recherches se concentrent sur l'analyse détaillée de réactions biologiques et neurologiques en se basant sur des théories de domination du cheval. Ce n'est pas la relation que je cherche à établir avec mon propre cheval. Ce n'est pas non plus comme cela que je voudrais interagir avec ma petite fille de trois ans, si j'en avais une. J'admets que la compréhension des processus internes peut être bénéfique dans le traitement des maladies, mais seuls l'amour et les soins attentifs peuvent produire les résultats que je désire.

Je dois m'arrêter ici pour éclaircir un point important. L'humain en tant qu'espèce perçoit encore les autres espèces comme étant inférieures à lui. Ceci n'est pas surprenant, parce que même dans nos tentatives d'entraide, nous trouvons le moyen de nous entre-tuer sans scrupules. Les symptômes de désensibilisation des humains et des chevaux sont très semblables. L'analyse en profondeur des interactions simples peut être comparable à un manuel qui expliquerait en trois pages comment mettre en marche une machine à laver. La simple mention des mots « modification du comportement » empêche l'établissement d'une vraie relation avec les chevaux.

SPH El Primo

Une claque au visage

Je peux vous donner un exemple pour illustrer tout ce que j'ai écrit jusqu'à maintenant. La dernière fois que j'ai utilisé la technique du manège rond, ou Join-Up, était pour la montrer à une étudiante, avec l'un de mes propres chevaux. Pour protéger un nouveau cheval que j'allais peut-être garder chez moi temporairement pour le dresser, je lui avais construit un petit manège rond en guise d'enclos. J'avais expliqué la théorie populaire du Join-Up à l'étudiante et décidé d'utiliser le plus jeune cheval de mon petit troupeau. Je l'avais adopté à l'âge de quatre mois. La seule méthode que j'avais utilisée avec lui auparavant était d'être attentionné, protecteur et d'explorer avec lui le monde qui nous entourait. J'agissais avec lui comme s'il était un jeune enfant qui ne parlait pas français, ou comme si j'étais un jeune garçon qui partait à l'aventure avec son chiot.

Nous sommes entrés dans le manège rond et il restait avec moi, me suivait, comme il le faisait déjà naturellement. Toutefois, pour démontrer la procédure, je devais l'éloigner de moi. Bien sûr, cela n'a pas été facile, puisqu'il ne comprenait pas pourquoi. J'ai remarqué son incompréhension, mais j'essayais de prouver mon idée et j'ai pris sa coopération pour acquis. J'ai été tellement stupide d'essayer de me conformer de nouveau à la norme. La séance ne s'est pas terminée par un

Join-Up spectaculaire. Mon intention était de donner un exemple visuel de la procédure. La routine a été courte et dense : j'ai demandé au cheval de changer de direction à la même hauteur dans le manège deux ou trois fois, sans le pousser à se déplacer le nez au sol. L'exemple était simplifié. Le cheval ne courait pas, même si j'avais tout de même de la difficulté à le tenir éloigné de moi. Mon attention était portée vers l'étudiante, à qui j'expliquais les étapes du Join-Up. Finalement, quand je me suis légèrement tourné de biais en expliquant que le cheval devrait arriver derrière mon épaule, il est venu. Ce n'était pas dû au procédé, parce qu'il voulait venir vers moi depuis le début. Je disais à l'étudiante, qui observait la situation, que le cheval devrait maintenant me suivre dans le manège, et pendant ce temps, ce jeune cheval, qui n'avait jamais démontré aucune agressivité envers moi, m'a bien suivi pour quelques pas, avant de laisser la marque de ses dents en plein milieu de mon dos. Je me suis retourné et j'ai vu que son expression était la même que la mienne : choqué, furieux et confus. Ces émotions étaient dirigées plus contre moi que contre lui. Ceci a été la réalisation finale concernant les *problèmes qui surviennent lorsqu'on suit les croyances généralement acceptées sans tenir compte de notre ressenti.*

Deux jours plus tard, après avoir réfléchi à tout cela, j'avais arrêté de me culpabiliser et j'ai expliqué à l'étudiante ce qui, selon moi, s'était vraiment passé dans le manège. Je sentais qu'il était important que je lui dise que j'avais fait une très grosse erreur et que le cheval avait eu raison d'être confus et anxieux. Pour le lui expliquer, j'aurais dû lui montrer une vidéo. Elle a beaucoup apprécié mon honnêteté. Elle a compris parce qu'elle ne suivait pas les méthodes et idées reçues. Le cheval m'a mordu comme pour me dire : « Mais pourquoi diable as-tu fait ça? » Je n'avais pas besoin de faire des études en neurologie pour comprendre que j'avais trahi mon ami, le cheval. Sa morsure a été aussi traumatisante pour moi que le traumatisme que je lui avais infligé. L'article de Cavallo est paru en 2003. J'écris ceci en 2010 parce que quelqu'un pourrait toujours argumenter avec moi en disant que ma façon de voir le Join-Up est fausse. Ce que j'avais créé avec seulement un début de Join-Up était un cheval qui bénéficierait vraiment du Join-Up, selon eux! En réalité, le cheval n'avait pas changé, mais il sentait que j'avais définitivement changé.

Comme je l'ai déjà mentionné, la technique produit souvent des résultats, mais seulement si elle correspond au type de relation que vous recherchez. Il est nécessaire de comprendre que le rôle joué par l'humain est celui de dictateur. En plus d'ignorer les problèmes physiologiques, psychologiques et émotionnels inhérents à la méthode, une fois sur ce chemin, vous devez par ailleurs maintenir la hiérarchie que vous avez établie dans tout ce que vous faites avec le cheval. La plupart des gens aiment l'idée associée à la technique présentée, où il est question de créer un lien avec le cheval. Toutefois, comme nous le savons maintenant, cette technique cause surtout de la confusion et mettra un frein à toute interaction honnête qui pouvait déjà exister. Je crois qu'en adhérant à cette routine, le cheval comprend que vous ne désirez pas une relation personnelle avec lui.

La relation entre ce cheval et moi a changé ce jour-là. Il a fallu du temps pour retrouver la confiance et la compréhension dans notre relation. Je dois dire qu'il lui a fallu près d'un an pour accepter de me redonner sa confiance. J'ai dû prouver mon amitié. Ce n'était plus pareil après. La perte de notre relation initiale pèse encore lourd sur mon cœur, mais cette expérience demeure une leçon importante pour moi. Une autre leçon a été d'écouter directement le cheval au lieu de suivre des notions qui avaient été placées dans ma tête de l'extérieur.

En écrivant ce livre, j'ai revécu beaucoup d'expériences passées. Pourquoi est-ce que j'ai continué à suivre des normes extérieures de « dressage » des chevaux? Pourquoi m'a-t-il fallu si longtemps pour tirer mes propres conclusions? N'avais-je pas déjà compris que tout allait beaucoup mieux avec les chevaux quand je laissais de côté toutes mes connaissances concernant le « dressage »? Les anciennes notions ont tendance à rester collées à notre esprit, comme des vignes dans une forêt ancienne. Je devais arrêter de chercher des réponses à l'extérieur, sauf pour justifier mes propres idées, par exemple en contactant un neurologue.

Plusieurs métaphores pourraient être créées en lien avec cette morsure au milieu du dos, infligée par ce jeune cheval. Du moins, cela m'a aidé à refermer une porte. En fait, elle s'est fermée très fort. Aujourd'hui, je n'ai plus besoin d'adhérer à quelque méthode de dressage que ce soit. Je n'ai besoin d'aucune défense lorsque je parle à un voisin qui voit les chevaux comme de simples moyens de transport pour aller faire de la randonnée, ou lorsque je parle à un sportif qui ferait tout pour être accepté à la prochaine compétition. Le problème n'est pas l'activité en elle-même, mais la perception du cheval qu'ont ces gens. Si je les rencontre par hasard et que je dois converser avec eux, je sais qu'il est inutile d'essayer de les convaincre d'adopter ma façon de voir et d'appliquer ce que j'ai appris. Je ne me considère pas supérieur à eux et je n'ai certainement pas peur d'être persuadé de revenir à mes anciennes façons de penser ou à n'importe quel autre système. Nous sommes sur des chemins complètement différents pour des raisons différentes à la poursuite de buts différents.

Les chevaux ont été mes meilleurs professeurs et heureusement, quelque part en chemin, j'ai appris à les écouter véritablement au lieu d'anticiper les résultats que je désirais. Il n'y a pas de retour possible. C'est aussi simple que cela. Plusieurs années et plusieurs chevaux ont été nécessaires pour que je parvienne à une conclusion aussi simple. J'ai eu besoin de tout ce temps et de tous ces chevaux pour désapprendre ce que les gens m'avaient dit. Il me fallait acquérir ces certitudes en vivant ces expériences. Aucune critique ne pourra jamais remplacer ce qu'une personne vit ou vivra. Lorsque j'entends ce que d'autres font vivre à leur cheval et comment ils les voient, je suis triste pour leur cheval, et ils croient que je suis fou à cause de ce que je ne fais pas. Aucune discussion immédiate et fructueuse n'est possible à ce moment-là. Je pourrais mentionner ce que je fais et expliquer brièvement pourquoi. Pourtant, dix ou vingt ans plus tard, peut-être qu'ils vont se rappeler de certains de mes commentaires et de ma façon d'être avec mes propres chevaux. La raison qui va déclencher une réflexion de leur part pourrait provenir de plusieurs circonstances. Toutes ces raisons sont douloureuses. Personne ne va écouter sans être prêt à comprendre. Une personne peut comprendre seulement après avoir vécu certaines expériences, qui viennent habituellement, tôt ou tard.

Le mur des croyances intérieures

Les chevaux sont grands, lourds et puissants. Les gens trouvent les poneys très mignons, mais un cheval de trait immense les impressionnera. En réalité, les chevaux de trait sont souvent plus tolérants et patients que les poneys. Chacun a son caractère et cette règle ne s'applique pas à tous les chevaux, mais il est important de remarquer que la réaction de la plupart des gens est basée sur l'apparence. J'ai remarqué ce fait en observant les interactions entre des gens et des chevaux.

J'ai été témoin d'un phénomène intéressant concernant des gens et leurs chevaux. Cela est peut-être vrai seulement dans le monde occidental, où les gens ont accès à une abondance d'informations et de techniques de dressage. Nous sommes bombardés ou entourés d'une pléthore de manières de faire obéir cet animal grand et fort. Souvent, nous ne voyons pas que le plus grand des chevaux peut être aussi doux, curieux et désireux de plaire que le plus petit des chiots.

Je suis encore surpris lorsque je rencontre des gens qui cherchent une autre façon d'agir avec leurs chevaux et veulent une meilleure relation avec eux. Ils en connaissent souvent beaucoup sur les chevaux, leur santé, leur alimentation, l'homéopathie et les techniques de massage, et essaient de donner à leur cheval la meilleure vie possible, considérant que celui-ci doit partager sa vie avec les humains. Ils veulent généralement ce qu'il y a de meilleur pour leur cheval. Pourtant, comme je l'ai vu, beaucoup restent coincés dans une norme de pensée ou une autre.

Très souvent, ces personnes sont aussi végétariennes ou spirituelles. Elles peuvent avoir une relation incroyable avec les chiens ou les oiseaux. J'ai entendu des gens me parler du caractère et de l'humeur de différents animaux dans leur vie : comment ils ont appris ensemble, se sont adaptés l'un à l'autre, ont appris ce qu'ils aiment et n'aiment pas, comment ils partagent le plaisir, la tristesse, la jalousie, la curiosité, la reconnaissance des mots et la simplicité d'apprendre et de grandir ensemble. Dans beaucoup de cas, en voyant la personne interagir avec son animal, je lui demandais pourquoi elle faisait appel à moi. Pourquoi, après tant d'années, n'a-t-elle pas réalisé qu'elle pouvait tout simplement faire la même chose avec son cheval? Pourquoi les chevaux étaient-ils inaccessibles, derrière un rideau imaginaire? Cela en a fait réfléchir beaucoup, sans toutefois changer la situation.

Si j'avais le pouvoir de prendre le cheval de n'importe qui et de le rapetisser pour qu'il atteigne la taille d'un chihuahua, la relation changerait instantanément entre le cheval et le propriétaire. Principalement grâce à la façon nouvelle et différente d'interagir avec le super mini-cheval, et aussi suite au temps de qualité passé avec lui. Beaucoup plus de temps. Il serait si câlin, aimable et mignon. La personne rirait, s'amuserait, le caresserait et jouerait avec le cheval minuscule. Tout comme elle joue aussi avec ses chiens, chats ou oiseaux – mais pas avec son vrai cheval. Nous avons appris à avoir peur à la suite du contact avec le milieu équestre standard.

Voici l'histoire de deux loups, provenant de la sagesse Cherokee :

Un soir, un aîné Cherokee parla à son petit-fils d'un combat qui se produit à l'intérieur des gens.

Il dit : « Mon garçon, le combat des deux loups a lieu à l'intérieur de tout le monde. L'un est diabolique. Il représente la colère, l'envie, la jalousie, la tristesse, le regret, la rancune, l'arrogance, l'apitoiement sur soi, la culpabilité, le ressentiment, l'infériorité, le mensonge, la fausse fierté, la supériorité et l'ego.

L'autre est bon. Il représente la joie, la paix, l'amour, l'espoir, la sérénité, l'humilité, la gentillesse, la bienveillance, l'empathie, la générosité, la vérité, la compassion et la foi. »

Le petit-fils réfléchit une minute avant de demander à son grand-père : « Quel loup gagnera? »

L'aîné répondit simplement : « Celui que tu nourris. »

Nous essayons souvent d'ignorer ou de réprimer nos pensées et nos sentiments négatifs. Cependant, nous devrions essayer de les comprendre, de les accepter et de leur faire face. De permettre à la somme de notre nature de mettre de l'avant quelque chose de neuf et de positif. Seulement à ce moment-là pourrons-nous nous développer, grandir et nous sentir beaucoup plus libres.

Tout au long du développement de la relation avec notre cheval, par les différentes interactions que nous créons ou auxquelles nous permettons d'évoluer, nous devons prendre soin de faire seulement des choses avec lesquelles nous sommes confortables. De la même manière, si nous sommes certains mentalement et confortables émotionnellement lorsque nous faisons une demande particulière, cela ne veut pas automatiquement dire que le cheval l'est aussi. C'est en étant conscient de soi-même et en s'ajustant au cheval que nous pouvons progresser à travers toutes nos zones de confort. Je ne dis pas que les chevaux sont sans danger. Les chevaux réagissent à ce qu'on leur fait. Ils sont grands, lourds et forts et un simple mouvement de leur part peut nous blesser grièvement par accident. Toutefois, essayer d'éliminer ou de provoquer volontairement et de manière répétitive une réaction de la part du cheval, c'est de l'abus. Si nous enseignons à un cheval, et je ne parle pas ici de « dressage », mais plutôt de vraiment enseigner quelque chose à un cheval avec patience et clarté pour qu'il comprenne, en voyant le cheval avec une attitude positive, créative, aimante et heureuse, le mur des croyances intérieures tombe. Le temps passé avec le cheval ne devrait pas seulement être dédié à essayer d'accomplir quelque chose. En traitant le cheval comme un compagnon bien-aimé, la barrière entre les humains et les chevaux cesse d'exister. Nous pouvons alors commencer à voir leur douceur, leur intelligence et leur bonne volonté, qui étaient là depuis le début, cachées derrière la notion qu'un cheval est un animal qui a besoin d'être soumis et dressé.

Toutefois, d'autres obstacles entrent en jeu concernant notre relation avec les chevaux et ils font partie de la vie quotidienne, dans le contexte la société standard et des pressions qui viennent de la vie moderne. Nous tenons ces obstacles pour acquis et disons qu'ils appartiennent à « la norme », mais elle n'est pas saine pour nous, ni physiquement ni mentalement. Cette vie prend la majeure partie de notre temps, au moins quarante heures par semaine. Beaucoup d'entre nous passent le plus clair de notre temps dans un environnement qui n'est pas naturel pour nous. C'est pourquoi nos précieuses deux semaines de vacances nous mènent habituellement sur une île des tropiques ou au bord de la mer. C'est un retour à nos racines. Ceci est applicable si notre emploi nous permet le luxe de vivre à un niveau dépassant les dépenses nécessaires à notre survie. La plupart du temps, nous avons seulement une image de ciels bleus, de forêts tropicales, de montagnes à perte de vue, de la plage ou de chevaux sauvages sur un calendrier ou comme économiseur d'écran dans notre ordinateur.

Le travail nous affecte et nous draine de plus de façon que nous ne le pensons. Le stress, qui commence déjà lorsque nous prenons le volant pour nous rendre au travail, et une alimentation déficiente, poussent le corps à trouver ce dont il a besoin autrement ou à se détériorer lentement, ce qui mène ultimement à la maladie, au manque de concentration et d'énergie ou à la dépression. La plupart de ceux qui ont vécu ce genre de vie « normale » ont placé leur cheval en pension quelque part parce qu'ils n'avaient certainement pas le temps de s'occuper de leurs propres besoins durant la journée, alors s'il fallait qu'ils s'occupent aussi de leur cheval...

Considérez ceci : vous avez adopté ou acheté un cheval et vous en êtes le fier propriétaire. Pourtant, le cheval ne fait peut-être pas le même lien que vous parce que vous n'êtes pas la personne principale dans sa vie. Le palefrenier, ou un autre employé, remplit ce rôle. Vous pourriez dire que c'est votre cheval, mais aux yeux de votre cheval, vous êtes une connaissance qu'il voit de temps en temps. Est-ce que vous vous présentez parfois pour une heure en soirée? Y allez-vous seulement la fin de semaine? Courez-vous toujours après le temps? Que faites-vous durant ces courtes périodes avec le cheval? Pensez-y.

Le paragraphe précédent est peut-être vrai, mais peut-être que la réalité est toute différente. Prenons l'exemple d'un cheval qui se fait dresser. La personne principale, celle qui passe le plus de temps avec le cheval, est l'entraîneur. S'il s'agit d'un entraîneur traditionnel, le cheval sait que lorsque cette personne se présente, les demandes ininterrompues commencent. Vous, l'étranger, qui manquez de temps et d'énergie et qui vous sentez probablement coupable, donnez un peu de tranquillité, de soins, de carottes et d'attention au cheval, ce qui peut être un grand soulagement et un grand plaisir pour lui. Qui est alors la personne la plus importante aux yeux du cheval?

Dans toutes les situations où le cheval est présent, nous devons réaliser qu'il est captif. Nous devons trouver quels besoins du cheval nous pouvons combler. Ce serait comme de vouloir avoir un chien, mais parce que vous partez travailler, le chien reste dans sa cage toute la journée. Si vous faites quelque chose comme cela, il est sérieusement temps de penser à votre propre bien-être. Quelque chose, quelque part, ne fonctionne pas, de toute évidence. L'un de nos désirs peut nous entraîner dans une direction, dans le sens contraire de notre style de vie, mais nous devons également tenir compte du bien-être des autres créatures vivantes que nous accueillons dans notre vie. En nous occupant bien d'un animal et en partageant ce que nous sommes avec lui, il deviendra petit à petit un membre de notre famille. Voilà comment les choses devraient se passer.

La plupart des écuries où il est possible de mettre son cheval en pension possèdent leurs propres règles en ce qui concerne l'alimentation et le mode de vie du cheval. Des personnes travaillant pour une écurie en particulier peuvent avoir des opinions différentes, et même les pensionnaires peuvent avoir des croyances différentes sur le sujet, et aussi par rapport à l'utilité du cheval et à la manière de le manipuler. Selon l'attitude des autres personnes, la circulation et le niveau de sécurité de l'endroit, il est déjà arrivé que des chevaux aient été manipulés incorrectement, montés sans permission ou même battus, sans que le propriétaire du cheval en question le sache, pour le plaisir ou l'argent. J'ai vu mes propres chevaux développer des problèmes de comportement soudains, comme sursauter à la vue d'un balai, tirer en paniquant lorsqu'ils étaient attachés dans l'allée et refuser d'entrer dans un enclos spécifique. Ce sont des changements dramatiques et effrayants provenant de chevaux qui n'avaient jamais eu de problèmes, même le jour précédent. J'ai entendu tellement souvent des clients qui disaient qu'un problème était apparu « ... tout d'un coup ». J'ai bientôt trouvé la marque de coups de fouet sur les flancs d'un de mes chevaux, ce qui représentait une preuve indéniable de ce que je craignais. Une fois, j'ai vu une jeune femme à l'air tout doux, portant une queue de cheval, mais qui était malveillante, donner 10 kg (ou 22 lb) de moulée sucrée à ma jument arabe, qui avait été étiquetée comme meurtrière. Elle avait fait cela parce qu'elle avait peur du cheval et n'aimait pas partager le manège pendant ses séances en soirée. J'ai entendu beaucoup d'histoires comme celles-là, et même des pires.

Nous avons commencé par aller voir les chevaux des autres, pour ensuite en prendre en demi-pension, et enfin acheter les nôtres, et il ne nous a pas fallu beaucoup de temps pour passer à la prochaine étape. Notre décision de quitter la ville n'était pas seulement basée sur le côté pratique, comme sauver du temps et de l'argent, mais aussi sur le désir d'être plus proche des chevaux, de leur donner une meilleure vie et, en même temps, d'améliorer la nôtre. La raison pour laquelle le cheval nous attire si intensément est peut-être qu'il est une représentation de la beauté pure et de la puissance de la nature, et nous admirons aussi sa grande honnêteté. J'aime beaucoup cette honnêteté. Lorsqu'il est question de la relation insaisissable que beaucoup recherchent avec les chevaux, une partie de la réponse se trouve non pas en les amenant dans notre monde en les retirant de la nature, mais plutôt, en retournant nous-même vers la nature. Cela ne veut pas dire qu'il faut construire un microcosme de civilisation humaine au milieu de la forêt, mais plutôt s'établir dans la forêt ou à la campagne en faisant attention de perturber l'environnement le moins possible. En vérité, notre propre voyage aurait dû être totalement inverse : trouver un endroit à la campagne, le préparer pour les chevaux et ensuite faire entrer des chevaux dans notre vie. Rester simplement en accord avec ce qui rend un cheval heureux est tellement plus efficace! Mais ne déménagez pas à la campagne avec les vieux idéaux de la vie citadine en tête en recréant les conditions de vie standard pour vos chevaux!

Rien de ce que j'ai fait avec les chevaux, ni les conséquences qu'ils ont eues sur ma vie, n'aurait pu être prédit. J'ai la chance d'avoir une épouse qui aime la nature et qui partage les mêmes désirs que moi. Il est facile pour moi de regarder en arrière et de voir ce qui aurait pu être différent, mais les choses ne devaient pas se passer comme cela. Il était nécessaire pour nous de passer par où nous sommes passés et d'apprendre par l'expérience. J'aurais aimé que quelqu'un m'ait expliqué tout cela il y a longtemps. Cela aurait eu du sens pour moi, même à ce moment-là, comme cela aurait probablement eu du sens aux yeux de toute personne qui réalise son grand rêve d'accueillir un cheval dans sa vie. Bref, je suis arrivé où je voulais commencer. Je suis simplement sorti de mon chemin pendant quelques années pour passer par les normes du monde équestre traditionnel, qui est en réalité un monde humain qui utilise les chevaux. Je suis maintenant où je veux être, mais je vois les choses plutôt différemment.

Les chevaux nous forcent vraiment à être nous-même, ou à trouver qui nous sommes. Si nous pouvions simplement laisser aller notre lourd bagage personnel, nos idées préconçues et nos attentes pour être avec le cheval dans le moment présent, nous obtiendrions des résultats surprenants.

J'ai vu un petit enfant développer une meilleure relation avec un cheval qu'un adulte instruit. Les chevaux peuvent même faire un compromis ou donner une solution à un enfant lorsqu'ils comprennent ce que l'enfant essaie de faire. Pourriez-vous imaginer le choc intense et, peut-être, la jalousie de l'adulte qui verrait un cheval se coucher devant un enfant après que l'enfant ait essayé sans succès de grimper sur le dos du cheval? Le même cheval va volontairement en faire plus pour un enfant que pour un adulte qui essaie de le forcer à obéir.

Bien sûr, nous devons avoir une idée générale de ce que nous voulons faire lorsque nous allons passer du temps avec des chevaux, mais selon mon expérience, la meilleure méthode est de ne pas suivre de méthode. Je veux dire ne pas avoir d'attentes calculées, présumées et assumées en vue du dressage.

Nos pensées sont extrêmement importantes parce qu'elles sont aussi directement liées au langage de notre corps et même à nos émotions. Avez-vous déjà entendu le vieux dicton selon lequel « le cheval peut sentir votre peur »? Si, par exemple, la formule Rescue du Dr Bach fonctionne si bien, il ne devrait pas être si difficile de croire que les chevaux perçoivent vraiment nos phéromones. Les chevaux finissent par faire ce que nous attendons d'eux. Ils réagissent surtout à ce que nous sentons vraiment en nous.

Une de mes étudiantes m'a déjà dit que son cheval avait commencé à essayer de donner des coups de pied à d'autres chevaux alors qu'elle était partie en randonnée avec quelques autres cavaliers. Son cheval n'avait jamais fait cela avant. Toutefois, ce jour-là, mon étudiante avait commencé à se sentir nerveuse parce qu'elle trouvait que les autres chevaux étaient trop près. Dans ce cas, le cheval a réagi exactement selon les pensées et le ressenti de la cavalière. Je trouve cela très intéressant et ce ne sera probablement pas surprenant pour beaucoup de lecteurs. Il est important de noter que lorsque le cheval a réagi comme elle s'y attendait ou comme elle le souhaitait inconsciemment, elle se sentait encore plus nerveuse. Elle avait peur de perdre le contrôle – du cheval. C'est toujours la peur ultime des cavaliers. Elle était si connectée à son cheval, même si elle ne le savait pas, mais elle refermait la porte. Donc, qu'est-ce que le cheval comprenait maintenant? Que la personne était très inconfortable, ne voulait pas être là et voulait sortir de la situation. Voyez cela du point de vue du cheval. Ne captait-il pas plus de peur et de tension chez le cavalier, une augmentation des pulsations cardiaques et une augmentation ou une diminution du rythme respiratoire? Tous sont des signaux visibles et invisibles. Le cheval savait que sa réaction n'avait pas été efficace et maintenant, les indications du cavalier devenaient de plus en plus fortes. Un grand danger devait approcher, des monstres dans les buissons peut-être, alors il était possible qu'en augmentant lui aussi son niveau de stress, dans l'incertitude et la confusion, il puisse se soustraire complètement à la situation et s'enfuir? C'est exactement ce qui s'est passé. Le cheval a réagi aux pensées de la cavalière, mais pas tout à fait comme elle s'y attendait.

L'attitude la plus répandue est de vouloir que notre cheval tout jeune soit comme un vieux pro plein de sang froid; nous voulons que nos chevaux dressés agissent comme des gagnants raffinés; en fonction du peu de temps que nous avons pour eux, nous voulons que nos chevaux blessés performent aussi bien que d'habitude. Nous devons rester dans le présent, une seconde à la fois. Pas seulement dire au cheval quoi faire, mais aussi l'écouter et réagir en conséquence. La plupart d'entre nous sont désappointés et frustrés si le cheval n'atteint pas l'objectif visé en une semaine ou un mois, ou même en 30 minutes ou 5 minutes, parce que nous avons ont un plan de dressage bien précis. Nous savons ce que nous voulons. Toutefois, prenons-nous vraiment le temps d'enseigner à nos chevaux ou de les aider? Nous ajustons-nous aux actions du cheval, considérons-nous même ce que le cheval est en train de nous dire? Si nous n'avons pas le temps de communiquer nos intentions, comment pouvons-nous attendre du cheval qu'il nous donne ce que nous voulons? Cela peut toujours être forcé, et ce l'est habituellement, mais ce n'est pas cette option qui m'intéresse. Cela devrait être clair maintenant.

Les chevaux ne sont pas si différents de nous. Tellement de chevaux portent des cicatrices cachées. Si nous nous mettons en colère et sommes frustrés en essayant de faire quelque chose avec le cheval, c'est parce qu'il nous montre directement que nous ne faisons pas de notre mieux. Je suis certain que nous avons tous des jours où nous avons une jolie idée en tête et voulons faire faire quelque chose au cheval, ou plutôt, vivre quelque chose ensemble. Pourtant, les choses ne se passent pas comme nous l'avions prévu. Il y a eu des jours où j'ai simplement « perdu » Big Leo. J'avais déjà vécu et ressenti beaucoup d'expériences indescriptibles. J'avais vu la beauté possible, mais je cherchais quelque chose qui semblait inaccessible, et au lieu de me fier à l'amour et à la patience, ou de changer mes intentions en m'adaptant à la situation, la même beauté que je recherchais a fait ressortir de la colère et de la frustration. Il m'a fallu beaucoup de temps pour comprendre que mon état émotionnel faisait toute la différence. Les chevaux me l'ont montré quand je m'y attendais le moins. Par conséquent, j'ai cessé d'avoir des attentes. C'est ce qui a tout permis.

Ce n'est pas aussi simple que de prendre soudainement la décision de changer notre attitude en surface. Nous pouvons décider de changer, mais nous ne changerons réellement qu'après avoir compris certaines choses. Ce n'est pas vraiment un travail à faire, mais plutôt l'abandon de vieilles pensées et la gestion des sentiments d'une façon différente. Cela devrait se faire avec amour, ou, du moins, avec honnêteté. Les chevaux n'ont pas changé. Ils étaient simplement en train d'attendre, patiemment, que je les rejoigne au milieu du chemin. Ils n'oublient jamais, mais ils peuvent pardonner. Si on laissait les chevaux libres en leur donnant du respect, de la compréhension et de l'éducation au lieu d'essayer de les forcer à obéir, ils nous donneraient tout.

La joie et choix en liberté

Le premier indice

C'était en plein milieu de l'hiver. J'amenais un Appaloosa de trois ans mesurant 15,3 mains sur un chemin qui menait à une forêt pour voir s'il accepterait de se laisser monter. (La hauteur d'un cheval est mesurée du sol au point le plus haut du garrot; une main est l'équivalent de quatre pouces ou 10,16 cm.) Malgré sa taille et sa corpulence, à trois ans, il était trop jeune pour être dressé. Même si les chevaux peuvent apprendre facilement même lorsqu'ils sont très jeunes, ils ne sont pas montés avant un certain temps parce qu'ils manquent de force physique. Voici un point important que je vais expliquer très simplement. Ces informations sont disponibles dans des livres ou sur Google, sur les sites Web de centres de recherche, d'écoles vétérinaires, etc. Je ne fais pas spécifiquement référence à la force musculaire, mais plutôt à la croissance des os. Tous les chevaux ont le même taux de croissance osseuse. Certains prennent un peu plus de temps que d'autres pour être complètement développés, selon la race et non individuellement, et certaines races prennent un peu plus de temps. Bref, les os se développent à partir du centre jusqu'aux extrémités. Un cheval de deux ans a seulement développé des os partiellement solides des sabots jusqu'aux genoux, environ.

La croissance se poursuit en remontant le corps du cheval et en descendant ensuite le long de son dos. Une des dernières sections à se développer est la colonne vertébrale. Malheureusement, la norme générale au Québec et à beaucoup d'autres endroits est de commencer à monter à partir de l'âge de deux ans, et pas seulement pour présenter la selle, mais aussi pour la monte ou l'entraînement prolongé. Le dressage et la compétition à partir d'un jeune âge sont les raisons des désastres qui se produisent sur les populaires pistes de course. Il n'est pas surprenant que les micro fractures, les fractures multiples dans les pattes et les fractures complètes fassent partie de la norme. Même sans le monter, il est dangereux d'essayer de forcer un cheval à s'adapter à notre mode de vie. Par exemple, un cheval qui tire au renard, ou pire, qu'on bat pendant qu'il est attaché dans une allée ou avec un licou à un poteau, qu'on longe en lui faisant faire de petits cercles en tirant continuellement sa tête vers l'intérieur. Je le répète, il y a beaucoup de danger dans ce que nous considérons être des méthodes de dressage parfaitement normales. Les vertèbres à la base de la tête sont les dernières à se former complètement. L'étude la plus ancienne que j'ai trouvée sur le sujet, avant d'arrêter de chercher, est un article publié en 1953.[1] L'industrie du cheval est au courant des risques associés à la monte de jeunes chevaux. Ils ont fait faire d'excellentes recherches scientifiques. Pourquoi le propriétaire de cheval moyen n'est-il pas au courant des résultats de ces recherches?

Dans le passé, les chevaux des militaires n'étaient jamais montés avant l'âge de quatre ans. Cet âge n'est pas idéal pour soumettre un cheval à des entraînements intensifs, mais c'était déjà mieux que ce qui se fait aujourd'hui. La plupart des chevaux complètent leur développement à six ans. Aucun des dresseurs que j'ai rencontrés n'a même effleuré le sujet. Maintenant, ces informations sont disponibles à grande échelle et tout le monde peut s'informer en profondeur après quelques recherches ou même en demandant une réponse honnête à un vétérinaire... si le vétérinaire donne une réponse honnête.

La propriétaire de l'Appaloosa avait peur de son cheval, mais désirait un dressage aussi doux que possible pour lui. Même s'il était explicite qu'elle allait monter le cheval, elle avait peur même quand elle me voyait le monter. Elle refusait même de s'asseoir en selle alors que je tenais le cheval. Ce choix allait complètement à l'encontre du souhait de sa mère. La mère et la fille avaient des caractères tout à fait opposés pour tout ce qui concernait la façon de faire avec un cheval. Même si je n'en savais pas autant qu'aujourd'hui sur le processus de croissance à ce moment-là, c'était un dilemme pour moi de devoir enseigner au cheval à accepter ce qu'on attendait de lui, parce que son acceptation ou non du cavalier serait le facteur déterminant pour son avenir.

J'avais l'habitude de créer ce que j'appelais une ligne imaginaire lorsque j'amenais avec moi un cheval en l'éloignant de ses congénères d'écurie. Le cheval pouvait s'exciter s'il doit s'éloigner de tous les autres chevaux, mais à partir d'un certain point, d'une certaine distance, il revenait avec moi dans le moment présent. Le passé restait dans le passé. Ce cheval brillant, que la plupart considéraient comme « fou », était de plus en plus tendu et tentait de se retenir à mesure que nous approchions de cette ligne imaginaire, mais il s'est soudainement retourné et a donné des coups de pied alors que nous faisions une promenade. Je l'ai perdu.

Je craignais pour sa sécurité parce que les rênes fermées traînaient au sol et il se dirigeait derrière l'écurie, où se trouvaient des équipements agricoles qui pourraient le coincer. De plus, s'il allait devant l'écurie, je savais que les gens réagiraient exagérément et seraient furieux que ce « monstre » soit libre et transformeraient cette simple situation en drame. Le cheval souffrirait encore plus alors qu'il voulait retourner vers ce qu'il considérait comme sa sécurité.

Il a galopé sur environ 200 pieds (60 m), a ralenti et s'est arrêté. J'avais déjà commencé à revenir lentement sur le chemin, mais quand il s'est arrêté et s'est retourné vers moi, je me suis arrêté aussi. Je lui ai juste signalé de revenir vers moi. Je ne m'attendais pas vraiment à ce qu'il revienne, mais il est revenu.

Même si j'étais plutôt impressionné que le cheval décide de revenir, cela ne m'a pas affecté autant que cette journée où ma vie avec les chevaux a changé pour toujours durant une randonnée. J'en parlerai plus tard. Peut-être que je m'étais trop concentré sur le dressage et le but à atteindre pour pouvoir vraiment bénéficier de cette expérience moins dramatique. À bien y penser, deux choses étaient présentes lors des deux événements. La première était l'émotion et la deuxième, le fait que je n'ai pas essayé d'attraper le cheval.

Mon incapacité à rattraper le cheval est ce qui a provoqué les émotions. Je ne parle pas ici de la colère ou de la frustration d'avoir perdu le cheval. Je parle plutôt d'un gonflement, d'une projection puissante du danger alors que je visualisais le cheval qui courait vers les équipements et mon désir intense qu'il ne le fasse pas. Dans les deux cas, le cheval, qui aurait pu aller où bon lui semblait, est revenu quand je le lui ai signalé. Ces sentiments n'étaient pas des demandes, mais une supplication désespérée comportant une forte charge émotionnelle, au point culminant de mes pensées et sentiments personnels. Ce n'était aucunement un appel psychique au cheval, seulement ma propre réaction à la situation.

Cela n'est pas vraiment le résultat direct d'une méthode, non? J'ai toujours dit que les meilleurs moments avec nos chevaux se passent toujours quand personne n'est là pour les voir ou prendre des photos. Pourtant, le moment est tout de même gardé pour toujours et, avec le temps, notre cœur en est rempli. Aucun de ces moments spéciaux ne s'est produit quand la personne voulait épater la galerie, ou forcer le cheval à obéir; ces moments viennent plutôt à la suite d'une sorte de compréhension, de confiance et de sentiment qui dépassent les mots, les images et la matérialité. Pourtant, il s'agit simplement de deux êtres qui interagissent.

Il ne faut toutefois pas oublier que nous sommes tous biologiquement constitués. Les sentiments et/ou l'esprit sont interreliés à la biologie. Le cheval a-t-il réagi à mes émotions? À mes pensées? Peut-être était-ce un mélange des deux, suivant les signes que je donnais avec mon corps, mon visage et mes yeux. Pourtant, dans les deux cas, les chevaux étaient en train de *s'éloigner* de moi. Ils se sont arrêtés et m'ont regardé après les faits.

Je me pose personnellement ces questions. Toutefois, je

ne veux pas en faire une analyse sans fin. J'ai mes réponses, jusqu'à un certain point. C'est ce qui est réel dans ce monde et dans l'inconnu. J'ai fait l'expérience d'une connexion de façon très réelle avec des chevaux. Nous sommes ce que nous sommes, nous vivons ce que nous vivons, nous ressentons ce que nous ressentons. Tel est le monde dans lequel nous vivons. Je vous ai présenté quelques exemples du mélange du connu et de l'inconnu. Tout a pris sa place et, parfois, il n'est pas possible de mesurer les faits par la science et lorsque ça l'est, c'est souvent incompréhensible. Pour moi, grâce aux chevaux, cet aspect de l'intangible n'est plus un mystère. C'est simple, c'est honnête et c'est magnifique. Ce n'est pas quelque chose qu'il faut chercher, non, c'est déjà juste devant nous. Cela a toujours été en nous.

La forêt magique

L'Appaloosa était gardé dans une vaste écurie comportant un Club House, deux manèges ronds, un grand manège extérieur en sable et des paddocks à l'arrière. Je n'ai jamais aimé travailler avec un cheval quand des gens pouvaient me voir. Je n'aimais pas tourner en rond dans le périmètre d'un des manèges. Si je sellais le cheval et que je sortais de l'écurie, c'était pour aller dehors. Nous allions toujours de plus en plus loin de l'écurie. Un sentier en terre partait de l'arrière de l'écurie et se rendait à une forêt qui se trouvait à environ trente minutes de marche. Des pâturages de chaque côté fournissaient plaisir, relaxation et une occasion de pratiquer la concentration lorsqu'il fallait marcher sur le sentier. Je commençais toujours par mener le cheval en laisse. À environ mi-chemin, avant d'atteindre la forêt, je demandais au cheval de s'arrêter. Il était brossé, sellé, avait marché avec moi et m'avait écouté, alors nous nous arrêtions pour qu'il puisse faire ce qui l'intéressait le plus. Je ne pouvais pas libérer le cheval, mais nous nous promenions dans le champ. Il broutait, je le flattais doucement et lui grattais le garrot, je le suivais quand il se déplaçait. Quand je lui demandais de lever la tête et de me suivre, il le faisait. Ils le faisaient tous. Permettre à un cheval de manger ou de brouter alors qu'ils portent une selle va probablement à l'encontre des croyances traditionnelles, mais je trouve qu'un peu de réciprocité et d'écoute des désirs de chacun fait une énorme différence.

Au bout de la pente douce, le terrain s'élève d'environ trente degrés avant le début de la forêt. De là, la vue était impressionnante. Nous faisions une autre pause à cet endroit pour regarder le champ et les paysages qui se déroulaient devant nos yeux. Nous ressentions le vent, entendions les oiseaux derrière nous et il semblait que nous étions entre ciel et terre. Ensuite, nous nous retournions pour continuer notre marche vers la forêt, sur le sentier étroit qui y pénétrait.

Lorsque nous entrions finalement parmi les arbres, nous laissions tout derrière nous. À quelques minutes seulement du monde normal, nous étions soudainement tout seuls, en paix, dans le silence tranquille de la nature. Des sentiers allaient dans toutes les directions ou se croisaient sur notre trajet. Nous suivions des sentiers reliés qui formaient une boucle et nous ramenaient à l'entrée de la forêt. Ce circuit ne prenait qu'environ vingt minutes au pas et au trot. Durant l'été, nous appréciions immédiatement la fraîcheur soudaine des arbres. Toutefois, ce que je raconte se passait en hiver. La forêt nous protégeait du vent et des bourrasques de neige. Dans ce cas-ci, elle nous aidait à avoir moins froid.

Parfois, je marchais dans de la neige poudreuse qui atteignait un point à mi-chemin entre ma cheville et mon genou. Il y avait environ un pied ou trente centimètres de neige sur le sentier. Lorsque je tenais le cheval en laisse, je lui demandais de s'arrêter, de tourner, je le félicitais et ensuite je lui parlais ou chantais doucement. Parfois, nous nous arrêtions pour simplement écouter le silence. Après cela, je faisais un « câlin » au cheval avec mon bras par-dessus la selle pendant que nous marchions. Je l'observais attentivement pour savoir ce qu'il en pensait. Si tout allait bien, je prenais les rênes et sa crinière en main et plaçais un pied dans l'étrier. Je continuais à le surveiller de près pour savoir comment il se sentait. Chaque fois que je décidais de faire cela, c'était parce que le moment semblait le bon. Si le cheval avait l'air le moindrement surpris, je le rassurais et nous continuions à marcher ensemble pendant que je riais sans en faire tout un plat. J'avais découvert qu'aussi longtemps que je riais sincèrement, cela dissipait presque instantanément une grande part de l'anxiété du cheval. J'essayais à nouveau de monter un peu plus tard. Le plus souvent, quand je faisais cela, le cheval se retournait pour me regarder, avant de ramener sa tête vers l'avant, tranquille, immobile et calme. Je me levais dans les étriers et vérifiais sa réaction et son accord et alors seulement je m'assoyais dans la selle. Je le félicitais, le rassurais encore et ensuite lui demandais d'avancer. Une fois, alors que j'allais finalement monter sur son dos, une de mes jambes s'est enfoncée dans la neige. Je me suis retrouvé devant les épaules du cheval, mon dos contre son cou. Pas très réussi. J'ai retiré mon pied de l'étrier et j'ai ri de moi-même. Le cheval n'a pas paniqué en pensant que j'étais peut-être en train de l'attaquer. Il m'a simplement regardé sans bouger. Une fois de plus, je me suis donné un élan et j'ai monté, le sourire encore au visage. Le cheval m'a transporté à travers la solitude de la forêt, d'une beauté ineffable dans l'immobilité des arbres couverts de neige. Pas de stress, pas de panique, pas de peur. Je n'ai pas sauté sur son dos en le forçant à m'accepter. Nous avions marché ensemble depuis le début et il pouvait voir que j'étais beaucoup plus fatigué que lui. Il a compris ce que je voulais et m'a permis de le monter. Chaque fois que cela arrivait, je me sentais très reconnaissant pour l'expérience. C'était toujours aussi beau chaque fois. Ensuite, je débarquais et nous marchions côte à côte à nouveau. À la dernière partie du chemin principal, je montais et nous avancions au petit galop, ensuite au trot, nous marchions et nous nous arrêtions. Cela s'était passé sur le même chemin où il avait désespérément voulu rejoindre les autres chevaux. J'ai remis pied à terre et nous avons terminé notre marche comme nous l'avions commencée, mais une nouvelle compréhension s'était établie entre nous.

J'avais emprunté ce truc à Xénophon, né en 431 av. J.-C. environ, qui a écrit le premier livre sur l'équitation sympathique.[1] Il a écrit qu'un cavalier devrait mettre pied à terre un mile (1,6 km) avant de revenir à l'écurie. La première fois que j'ai essayé cela, je revenais d'une randonnée avec un cheval de location. Cette phase initiale, durant laquelle je voulais être avec les chevaux à nouveau, n'a pas duré longtemps. J'étais troublé lorsque je voyais l'état physique et émotionnel de ces chevaux sellés et attachés à longueur de journée, sauf quand des étrangers venaient pour leur faire subir un autre quart de travail difficile. Lorsque je suis débarqué avant de revenir au point de départ, le cheval m'a regardé avec surprise, ou peut-être avec de l'inquiétude étant donné mon comportement différent. Nous n'étions même pas à un mile de l'écurie, mais il a lâché un gros soupir et a relaxé pendant que nous marchions. Je suis allé à l'écurie de location une fois de plus après ça. Quand ce cheval m'a vu, sa tête s'est relevée de son sommeil, il m'a regardé directement et a henni doucement. Il se souvenait de moi. J'ai pu constater que donner un peu de repos à ce cheval ou lui démontrer un peu de courtoisie faisait une grande différence, et j'ai commencé à me sentir coupable de le monter. Je ne pouvais pas le sauver

de sa routine quotidienne, donc je ne suis jamais revenu après
ça. Il a fallu plus d'années, plus de chevaux, plus d'indices,
avant que je commence à m'éloigner vraiment des idées
conventionnelles de la société, qui considérait que le cheval
servait uniquement à être monté.

Après mon expérience avec le jeune Appaloosa, cette
forêt est devenue magique à mes yeux parce que lorsque j'y
entrais, c'était comme si je laissais le monde derrière moi. Je
sentais que c'était bon pour le cheval, pour la même raison.
Toutefois, les chevaux qui étaient loués pour les randonnées
ne voyaient pas la forêt de la même façon. Ils résistaient
souvent beaucoup quand le palefrenier venait les chercher
dans leur box. Je pouvais très bien voir que les chevaux
savaient ce qu'ils auraient à endurer. Bien trop souvent, il
s'agissait d'au moins une heure avec un étranger qui cherchait
son plaisir personnel sur leur dos douloureux, qui aspirait
seulement à garder le contrôle par peur, en tirant ou en se
pendant aux rênes connectées au métal dans la bouche du
cheval. La seule raison expliquant que la plupart des chevaux
marchaient pour parcourir la dernière partie du trajet était
leur épuisement et leur douleur. Cette douleur s'était
développée, on la leur faisait subir ou ils la craignaient. Les
« amoureux des chevaux » ne reconnaissent pas ces faits. Ils
n'y pensent la plupart du temps même pas. C'est ici que le
plaisir non partagé mentionné précédemment apparaît. Ce
n'est pas nécessairement un manque de sensibilité, mais la
conscience pourrait faire une très grande différence. Que
connaissent la plupart des gens « non amateurs de chevaux »
sur les chevaux, à part l'équitation montée?

Dans cette histoire, est-ce que je suis hypocrite? À ce

moment-là, j'aimais monter, moi aussi. Quel genre de satisfaction ou de plaisir le cheval ressentait-il lorsqu'il me permettait de le monter? Je peux seulement dire que, selon moi, cela ne le dérangeait pas à ce moment-là. Je n'abusais pas du cadeau que le cheval me donnait. Notre relation était basée sur le respect et la compréhension. Reconnaître ce qui est acceptable pour le cheval, en temps réel, est très important. Le fait que je veuille le monter ne veut pas dire qu'à chaque fois, il va être d'accord pour que je le fasse. Je dois reconnaître cela et le respecter. Ce faisant, le cheval est d'accord lorsque le moment vient. Chaque fois, tout comme la première fois, je considère cela comme un cadeau venant du cheval, pas comme un devoir.

C'est ce genre d'expériences avec le cheval, loin de la norme, qui m'a permis de voir un côté du cheval auquel la plupart des gens restent aveugles. Il n'est pas surprenant que je sois considéré comme un excentrique dans le monde du cheval. Ce n'est pas surprenant non plus qu'à cause de cela, j'étais celui qui obtenait le plus de succès avec n'importe quel cheval dans n'importe quelle écurie, la plupart du temps avec des chevaux qui avaient été rejetés ou abandonnés.

Si je demandais à des gens, cavaliers et non-cavaliers, si le cheval a été créé pour être monté, 99,9 % répondraient que non. Toutefois, en réalité, la plupart se demandent « Mais à quoi servirait un cheval autrement? » Le consensus majoritaire affirme qu'un cheval doit être utilisé pour quelque chose. En termes généraux et en termes spécialisés, notre amour pour les chevaux leur cause seulement des dommages. Les chevaux sont très bons pour masquer leurs problèmes locomoteurs et les humains ne sont pas très bons pour les remarquer.

Lorsqu'il y a un problème, nous ne nous demandons pas souvent ce qui l'a causé, mais cherchons plutôt un remède rapide. Il existe plusieurs façons de corriger une blessure, de masquer un traumatisme musculaire, des courbatures, une boiterie, pour que le cheval soit capable de sortir de son box sur ses quatre pattes comme d'habitude le lendemain. Le cheval peut endurer silencieusement la douleur et l'inconfort jusqu'à ce qu'un jour, il ne puisse plus performer. Cela se produit bien avant l'âge normal de la retraite. Puisqu'il ne peut plus performer, les propriétaires aimants mettent fin à sa vie en pleurant, ou bien l'envoient gentiment à la retraite et répètent exactement le même processus avec un nouveau cheval. On m'offre assez de chevaux chaque mois pour que je puisse savoir que ce que j'avance est vrai. On me dit que le cheval « n'est pas aussi en forme qu'avant », ou a un grave problème de santé qui bloque les projets humains qui visaient le plaisir ou la compétition. Tout cela est causé par la seule et unique idée justifiant l'existence du cheval.

À l'arrivée du printemps cette année-là, la propriétaire de l'Appaloosa voulait que je continue à travailler avec son cheval. Même si nous avions commencé dans la neige, l'hiver avait été relativement doux avec beaucoup de pluie verglaçante. Les conditions au sol variaient, de la boue au sol gelé, en passant par la glace. Lorsque la température s'est réchauffée et que le sol a été assez sec, nous sommes retournés dans la forêt, où les feuilles et les fleurs commençaient à s'épanouir.

Nous avons suivi les mêmes sentiers et la même routine que lors de nos sorties hivernales. Lorsque je montais, à peu près dans le même secteur qu'en hiver, le cheval n'y voyait aucun inconvénient. Je lui demandais de marcher et lui caressais le garrot en lui disant qu'il était un bon garçon. Nous marchions aux rênes longues et j'ai remarqué qu'il déviait d'un côté pour sentir les branches couvertes de feuilles en passant. Cette période de l'année est tellement agréable. Il fait chaud, sec et les animaux de la forêt sont actifs, les plantes fleurissent, mais il est encore trop tôt pour que les mouches ou les moustiques soient sortis. Il marchait lentement, tranquille, le cou légèrement plus bas que l'horizontale alors que nous passions devant un buisson couvert de fleurs. Il fermait ses yeux et laissait les fleurs lui caresser le visage. J'en suis resté totalement bouche bée et ému. Durant ce moment, j'ai réalisé qu'il avait vécu la vie normale d'un cheval domestiqué depuis sa naissance. Nos sorties et les nouvelles pousses printanières étaient ses seuls contacts avec la nature. Être sur un sentier déneigé encadré d'arbres en hiver est une chose, mais cela était entièrement nouveau pour lui et il était évident qu'il adorait cela. Il explorait les odeurs, la vue et la sensation des fleurs pour la première fois.

Cela m'a fait réaliser ce que je prends pour acquis et ne remarque pas dans ma vie quotidienne, même dans ce que je considère comme notre paradis privé. Cela m'a fait penser à nouveau que la plupart des chevaux vivent de façon contraire aux sentiments qui nous attirent vers eux au départ. J'ai mis pied à terre et nous sommes retournés au buisson et aux fleurs. Je n'avais jamais rien fait de tel auparavant et je n'avais pas vraiment de plan ou d'attente quant à ce qui allait se produire par la suite. Il avait fait ce qu'il pensait que je voulais qu'il fasse. Je sentais qu'en me laissant le monter, alors que la relation était établie et en considérant la façon dont nous travaillions ensemble, ce cheval montrait de la courtoisie et de la gentillesse, pas de la soumission à un maître humain. Lorsque nous nous sommes arrêtés et qu'il a compris que j'avais remarqué ce qu'il avait fait, ses yeux sont devenus brillants. Il avait l'air d'un enfant qu'on amenait à Disney Land pour une journée lorsque nous sommes retournés aux fleurs. Je réfléchissais intensément à l'importance d'être dans la nature, mais étant donné que je m'étais familiarisé au sentier dans la forêt, la promenade était devenue une routine. Je croyais que je passais du temps dans la beauté vibrante de la nature alors que je passais devant sans la voir la plupart du temps. Nous sommes allés explorer un monde complètement nouveau, en dehors des sentiers battus... et j'étais à pied.

Je n'oublierai jamais ce jour-là. Ce cheval m'a aidé à clarifier et à cristalliser ma propre vision de ce que la relation avec un cheval pourrait être, et devrait être. J'avais été sur un sentier distant et parallèle au dressage standard. Ce cheval, ce jour-là, a levé le voile intellectuel de mes yeux et m'a rapproché de lui, permettant à ma voix intérieure de faire surface.

La propriétaire a remarqué que nous ne restions jamais près de l'écurie lors du dressage. Durant sa visite hebdomadaire, nous l'avons rencontrée sur la route qui menait à la forêt. Nous avons trotté jusqu'à elle et nous sommes arrêtés. Après tout ce temps, elle continuait à être surprise que le cheval se comporte si bien sans mors. Elle m'a demandé si je serais d'accord pour prendre son cheval en pension chez moi pour compléter le dressage. Ce fut la cerise sur le sundae, pour couronner une journée parfaite.

Photo par Catherine Scott

Un bref temps de repos

J'ai moi-même transporté le cheval à mon écurie. Comparés au lieu d'où il venait, et en tenant compte de l'attitude que les gens avaient à son égard, nos vastes espaces verdoyants et notre ligne de pins étaient comme le Club Med pour lui. Nos chevaux et lui se sont ajustés rapidement les uns aux autres et il s'est senti chez lui en peu de temps. Le seul problème : ce n'était pas sa vraie maison.

Notre forêt n'est pas sur un site aussi élevé que la forêt magique et chez moi, le sol des sentiers était encore assez mou. Chaque fois qu'il pleuvait un peu, les sentiers devenaient boueux à nouveau. Nous pouvions seulement marcher côte à côte le long de l'entrée en pierre qui s'élargissait jusqu'au champ et pratiquer le nettoyage et la taille des sabots. Même si le dressage était important, le temps que l'Appaloosa passait à simplement vivre sa vie de cheval avec d'autres chevaux était tout aussi valable.

Lors d'un dimanche ensoleillé, la mère et la fille sont venues nous rendre visite. Nous nous sommes placés de l'autre côté de la clôture du paddock et l'avons regardé se rouler où le sol était le plus sec. La mère a demandé à sa fille si elle voulait monter et elle a refusé comme d'habitude. Elle m'a demandé si j'avais monté le cheval dernièrement, et considérant les conditions du sol, je lui ai dit que non. Au cours de la même semaine, la mère a décidé de me retirer le cheval et de l'envoyer à une écurie spécialisée dans le dressage des chevaux de course.

Ils sont arrivés avec leur propre remorque et l'homme n'arrivait pas du tout à y faire embarquer le cheval. Avant que les choses empirent, je suis allé le voir en lui disant que le cheval était habitué à moi et que j'allais essayer de faire embarquer le cheval. J'ai rassuré mon gros garçon et nous avons marché calmement, directement dans la remorque. La fille était sous le choc. Elle ne pouvait pas comprendre comment j'avais fait ça et disait que le transporteur avait vingt-cinq ans d'expérience. Elle ne pouvait pas croire que nous étions tranquillement entrés dans la remorque, juste comme ça.

Une fois à l'intérieur, le cheval et moi avons passé un moment ensemble. Je savais que c'était la fin et pendant que je l'attachais à l'avant de la remorque, je l'ai remercié d'avoir été mon ami et lui ai même expliqué qu'il retournait maintenant avec la fille. Il m'écoutait sans bouger. J'ai caressé doucement son visage avec amour. Il a baissé sa tête et a posé son front contre ma poitrine. Il semblait comprendre ce qui se passait ou, du moins, il ressentait ce que je ressentais. Je ne pense pas qu'il aurait laissé quelqu'un d'autre le faire entrer dans la remorque. Je sentais que c'était le dernier cadeau qu'il me faisait. C'est comme si nous étions tous les deux hébétés, résignés au fait que notre temps ensemble était terminé. Je suis sorti par la porte de côté et j'ai dit à la fille qu'elle devrait fermer la remorque et s'en aller tout de suite. La jeune femme se tenait encore là, un air ébahi sur le visage, la bouche grande ouverte, les bras baissés et les paumes ouvertes avec les doigts étendus. Je me suis éloigné dans le champ en essayant de cacher ma tristesse, mon impuissance et mes larmes. Je n'étais pas capable de me retourner pour regarder.

Cheval du roi ou problème?

Les trois chevaux

J'ai commencé à comprendre lentement que ce que je faisais avec les chevaux fonctionnait et qu'il était d'une importance capitale que les propriétaires comprennent les mêmes bases, y croient et désirent activement les apprendre. Même si j'avais développé mes idéaux, j'étais toujours naïf dans le sens où je croyais que ce que les gens disaient reflétait ce qu'ils croyaient ou désiraient vraiment. J'avais tendance à me concentrer seulement sur les paroles qui se rapprochaient le plus de ce que je voulais entendre. Peut-être que j'assumais automatiquement que ce que j'entendais à la surface avait le même sens que mes propres compréhensions profondes. Les humains sont rarement honnêtes, surtout avec eux-mêmes. Je cherche toujours ce qui est bon dans chaque personne, mais les gens ne sont certainement pas clairs et directs comme les chevaux. J'avais besoin de comprendre que si les gens pensaient exactement comme moi et agissaient de la même façon avec les chevaux, ils ne demanderaient pas mon aide. C'était le cas quand j'ai eu deux mois pour montrer à trois chevaux à être maniés, dressés à la selle, à la randonnée et pour faire en sorte qu'ils agissent comme des chevaux doux, expérimentés, fiables et sans danger pour leurs propriétaires complètement novices et inexpérimentés. C'était en octobre et le propriétaire m'a dit que lui, sa femme et leur fille voulaient être capables de monter ces chevaux à Noël. Je n'avais pas beaucoup de temps et j'ai compris que ce serait tout un défi.

C'est là qu'une jument canadienne est arrivée dans ma vie. Âgée de six ans, cette jument était magnifique et aussi expressive que les chevaux de sa race. Elle avait du caractère et elle savait ce qu'elle voulait – et le laissait savoir. Elle était supposément dressée pour tirer des traîneaux. Elle avait été vendue plus cher que la plupart des chevaux mis de côté. Néanmoins, elle ne voulait rien savoir de l'équipement. La jument canadienne, la jument Paint de treize ans, presque jamais manipulée mais utilisée pour la reproduction, et le Paint noir et blanc de sept ans, qui avait été utilisé à fond puis rejeté, se méfiaient tous les trois beaucoup des humains. Ils avaient tous un passé différent, mais ils avaient tous été vendus comme « chevaux usagés » pour la même raison.

Je savais que chacun des trois chevaux avait un beau potentiel. Ils étaient tous intelligents et acceptaient de m'écouter. Seul le Paint noir et blanc avait subi un entraînement très violent par le passé, j'en étais sûr. Il était le seul à être dressé à la selle, mais il était très réticent. Je devais tout recommencer depuis le début.

Je me souviens de la première rencontre avec le Paint noir et blanc. Il gardait ses distances et s'est détourné de moi quand je suis entré dans son box chez le commerçant. Je me tenais dans l'ouverture et j'essayais de lui faire comprendre que c'était sa dernière chance. Je pourrais l'aider. Il tournait sa tête, me regardait, et se détournait à nouveau pour regarder le coin opposé du box. Je ne sais pas ce qu'il a dû traverser, mais c'est certain qu'il avait eu une vie difficile. Je sentais qu'il s'était résigné à mourir plutôt que d'essayer encore avec une autre personne. Il a refusé mon offre. Quand le revendeur l'a attrapé, le cheval ne s'est pas débattu. Il était obéissant, mais vide.

Je savais que si on lui donnait une chance et qu'il voyait ce que j'étais prêt à lui offrir, la vie et la lumière reviendraient dans ses yeux. J'étais prêt à le faire et je voulais qu'il me donne cette chance. C'était autant pour son bien que pour le mien.

L'autre jument, la Paint, était presque comme une Palomino, avec un oeil bleu. Elle était intelligente et je me souviens que lorsque j'ai essayé de la longer pour la première fois et ai levé la chambrière, elle s'est arrêtée, m'a fait face et s'est mise à trembler de peur. J'ai lancé la chambrière au sol. À l'âge de 13 ans, elle avait peur des gens et semblait toujours s'attendre au pire. Elle avait peu d'expérience étant donné qu'elle avait vécu une vie de poulinière. Il m'a fallu du temps pour gagner sa confiance, mais à Noël, nous avons tous été capables de faire une randonnée en famille sur les sentiers couverts de neige fraîche alors que je précédais tout le monde à pied. Je sentais que les chevaux seraient plus à l'aise si je marchais devant, étant donné que c'est comme cela que nous avions commencé le dressage et qu'ils sauraient à quoi s'attendre.

La jument canadienne était aussi très méfiante envers les humains. Elle s'attendait à ce qu'on utilise la force et la violence contre elle et était prête à y réagir par la force. Elle était aussi très intelligente et a appris que je demandais toujours des choses très simples et que je lui donnais le choix. J'ai commencé à introduire la selle et la monte par petits segments. Si elle acceptait la selle sur son dos pour un moment, je l'enlevais et je m'arrêtais là. Elle me donnait des signaux subtils lorsqu'elle était nerveuse. Je n'ai jamais insisté dans ces moments-là, ce qui a fait qu'elle était prête à accepter ce que je lui présentais et à découvrir ce que j'essayais de faire.

En deux jours, après des séances qui n'ont pas duré plus de vingt minutes chacune, je pouvais m'asseoir en selle sur son dos. Je ne voulais pas perdre sa confiance, alors même pour avancer, j'ai suivi la même « méthode ». Je ne voulais pas qu'elle avance sans comprendre ce que nous faisions. J'ai placé deux cônes orange, semblables à ceux utilisés pour la circulation, à environ quinze pieds de distance. Je pointais le cône, disais « cône » et la menais vers le cône. Il n'a pas fallu beaucoup de temps pour qu'elle marche elle-même vers le cône alors que je me tenais immobile au sol. Quand elle a été assez à l'aise avec le nouveau jeu, je l'ai montée, j'ai dit « cône » et elle a marché jusqu'au cône. Deux exercices bien compris avaient été mis ensemble. Je mettais ensuite pied à terre immédiatement. Chaque jour, j'augmentais la distance entre les cônes et par la suite, j'en ai ajouté un troisième pour former un « L », et un quatrième pour faire un carré. Mes encouragements constants chaque fois qu'elle accomplissait une tâche demandée lui ont prouvé que je n'étais pas comme les autres personnes qu'elle a connues. C'est devenu si clair pour elle que je sentais qu'elle aimait me montrer à quel point elle voulait bien faire et à quel point elle était intelligente. Si je la laissais faire ce qu'elle voulait, elle complétait le circuit. Nous nous sommes écoutés mutuellement et avons beaucoup appris ensemble. À partir d'un exercice au sol, et par la suite d'un exercice monté, nous avons pu marcher en carré dans le manège à la fin de la même semaine.

Je lui avais montré que marcher jusqu'au cône était très simple et pas du tout menaçant. Mes idées ont fonctionné; cela l'a aidée à être plus concentrée et nous a permis d'apprendre à nous faire confiance mutuellement et à interagir sans peur ou nervosité. C'était réellement mutuel, puisque je ne savais pas quelle vie elle avait eue auparavant. J'ai appris que je devais tenir compte de son caractère fort lorsque je formulais mes demandes et c'est ce qui a fait toute la différence. Vous devez avoir déjà entendu le vieux proverbe, demandez à une jument, donnez un ordre à un hongre, négociez avec un étalon... eh bien, j'ai négocié et demandé avec tous les chevaux et cela a toujours fonctionné. Éventuellement, j'ai pu la monter en tenant en longe le Paint noir et blanc. Elle m'a aidé en aidant le Paint à comprendre qu'il devait garder une vitesse appropriée et ne pas s'enfuir. On dirait qu'elle comprenait ce qu'on essayait de faire et, non seulement elle acceptait mes demandes en me transportant sur son dos, mais elle prenait aussi un rôle actif dans l'enseignement.

Voici une brève histoire à propos d'un autre cheval, à un autre moment, qui m'a aidé dans mes enseignements. Un propriétaire précédent avait essayé de montrer au cheval à tirer un traîneau. Le cheval n'avait pas vraiment été préparé à accepter ou à comprendre ce qui était attendu de lui. On lui avait mis le harnais, on l'avait attaché au traîneau et on lui avait demandé d'avancer. Le cheval était terrifié et avait peur dès qu'il voyait un traîneau. J'ai réussi à l'aider à avoir moins peur puisque ces traîneaux sont très communs dans notre province, mais ma tâche était de le dresser à la selle pour qu'il soit vendu comme cheval de randonnée. Ce cheval a très bien réussi et non seulement avons-nous pu nous promener sur les sentiers, mais nous avons aussi fait des courses à obstacles.

Après l'entraînement, le propriétaire a vendu le cheval comme il le voulait, mais le nouveau propriétaire avait peur de le monter parce que le cheval courait souvent sans qu'il soit possible de le contrôler. J'ai pu le découvrir parce que le nouveau propriétaire m'a demandé d'entraîner à la selle un autre cheval récemment acheté et après avoir entendu parler des difficultés lors de la monte du cheval que je connaissais, j'ai décidé d'essayer de l'aider.

Seller le cheval que j'avais connu et le monter n'ont présenté aucun problème, mais dès qu'il a commencé à marcher, j'ai remarqué qu'il se contractait. Je l'ai rassuré en lui disant « sois tranquille » et « tout va bien », en flattant son cou, en visualisant qu'il marchait doucement dans l'enclos. Le cheval s'est calmé et m'a transporté sans problème. Avait-il simplement besoin d'être rassuré?

Nous ne disposions pas de beaucoup d'espace de travail et après avoir présenté la selle au nouveau cheval, je voulais l'aider à comprendre, par observation, ce qu'on attendait de lui. J'ai préféré faire suivre le cheval plutôt que d'essayer de le désensibiliser à la sensation et au mouvement de la selle en le longeant. Cette dernière technique est celle que je vois le plus souvent et, en général, le cheval panique et rue alors que la personne continue à faire avancer le cheval en tirant sa tête vers l'intérieur. Ils continuent à dresser le cheval de cette façon jusqu'à ce que le cheval ne soit plus dérangé ou effrayé par la selle et par le contact des étriers, ou jusqu'à ce que le cheval se résigne au fait qu'il doit les accepter parce qu'il n'a pas d'autre choix.

Après avoir présenté la selle au nouveau cheval, je l'ai

mis en contact avec elle en plusieurs étapes, ou parties, en utilisant d'abord un simple tapis, puis en ajoutant un surfaix, puis la selle toute seule, ensuite en sanglant, puis en ajoutant les étriers. En tenant le cheval en main, sur place, je mettais de la pression sur le dessus de la selle, sur les étrivières, faisais glisser les étriers sur les côtés du cheval, marchais en main. Tout ceci était bien compris, sans histoires et sans peur. Le cheval qui m'acceptait comme cavalier allait m'aider à réaliser la tâche. Il était évident qu'il se sentait utile lorsque nous avons commencé ce processus. Il était légèrement craintif au tout début, mais il comprenait rapidement que nous étions en train d'enseigner à l'autre cheval et un sens du devoir transparaissait dans son comportement.

Ce cheval m'a montré qu'il était content de faire quelque chose et que je compte sur lui. Il voulait se rendre utile. Lorsque je suis arrivé pour une autre séance d'entraînement, j'ai commencé par placer les deux selles sur la clôture puis j'ai brossé le nouveau cheval. J'ai entendu quelque chose et lorsque je me suis retourné, mon « assistant » avait placé son nez sous une selle et essayait de la soulever sur sa tête et son cou. Il essayait de prendre lui-même la selle pour me montrer qu'il la voulait sur son dos pendant la séance. Il a par la suite fait cela chaque fois que je m'y rendais. Je le regardais et il ne faisait pas que sentir ou mordiller la selle; il s'agissait d'une tentative évidente et délibérée pour glisser sous la selle. Lors de ses essais les plus fructueux, il soulevait la selle, et petit à petit, la faisait remonter sur son nez jusqu'au-dessus de sa tête comme un chapeau, puis elle basculait et tombait au sol. J'aurais définitivement eu besoin de le voir pour le croire.

Le propriétaire de la jument canadienne semblait vraiment comprendre ma façon de faire et il s'entendait bien avec elle. Elle l'acceptait. Il était *son* cavalier. Nous avions monté ensemble à la fin de l'hiver, dans des conditions imprévisibles, lui sur la jument et moi sur le Paint noir et blanc. C'était une aventure. Des arbres étaient tombés, de l'eau coulait à flots le long des buttes de neige qui fondait, la neige était molle, il y avait de la boue et les débris de l'hiver se retrouvaient tous sur le sol de la forêt. À un certain moment, du coin de l'œil, j'ai vu que la tête de la jument était juste au-dessus du niveau de la neige. Je me suis arrêté, j'ai descendu de cheval et j'ai vu qu'elle n'était pas tombée mais s'était enfoncée, les quatre pattes perpendiculaires, dans la neige molle du côté du sentier. Le propriétaire a simplement roulé à côté de la selle. La jument a levé ses pattes avant de la neige molle, s'est donné un élan vers l'avant et s'est remise sur pattes. Elle était calme, s'est secouée et était prête à repartir. L'homme a remonté en selle et nous avons continué, en sachant que nous devions rester au centre du sentier. Nous nous sommes perdus à un moment donné lorsque j'ai pris un mauvais virage parmi des sentiers en forêt qui étaient presque invisibles lorsqu'il n'y avait pas de neige. J'y étais seulement allé le printemps précédent. Nous marchions dans une forêt peu dense sans indication ayant pu nous permettre de savoir où nous allions. Parfois, nous retrouvions notre chemin si je laissais le cheval choisir la direction à prendre lorsque j'étais incertain. J'avais remarqué que le cheval voulait tourner d'un côté à un moment donné. La deuxième fois, j'ai suivi son conseil.

J'ai entendu des histoires de gens qui perdaient la notion du temps lorsqu'ils montaient, se perdaient, pour se retrouver dans le noir après le coucher du soleil. Sachant qu'ils étaient tout à fait perdus, ils laissaient tomber les rênes et demandaient au cheval de les ramener à la maison.

Nous sommes arrivés à un ruisseau temporaire qui coulait assez rapidement à la suite de la fonte des neiges. Le Paint hésitait à traverser, alors le propriétaire de la jument canadienne, qui sentait que son propre cheval était prêt n'a pas hésité et nous a demandés de le laisser passer pour qu'ils puissent traverser. Ils se sont placés à l'avant, très confiants, et cela a permis au Paint de reprendre confiance et de suivre l'exemple. Traverser de tels ruisseaux, petits ou grands, n'était plus un problème à partir de ce moment-là. Le Paint avait toujours été considéré comme imprévisible et avait le réflexe de devenir tendu et de s'en aller en galopant, le propriétaire toujours sur son dos. C'était son seul « problème ». Il n'était pas impossible de l'arrêter, mais je crois qu'il avait été dressé dans le passé à courir à pleine vitesse à la moindre indication. Je lui ai seulement permis de relaxer et lui ai fait comprendre que marcher était acceptable. Il a compris et n'était dorénavant plus aussi réactif. J'ai senti qu'il semblait soulagé. Il avait la tête froide, il répondait bien et faisait partie intégrante de notre aventure perdue.

Lorsque nous sommes retournés à l'écurie, la propriétaire du Paint noir et blanc a demandé comment la randonnée s'était passée. Son mari, rayonnant sur la selle de la jument canadienne, a souri et dit : « Ton cheval n'a aucun problème. Ça doit être toi... » Il l'a dit presque à la blague, mais j'ai vu la réaction vive sur le visage de la femme. C'était une réflexion intérieure qui a reculé loin derrière ses yeux. Elle ne lui a pas demandé ce qu'il voulait dire, n'a pas demandé d'explications, ne s'est pas informée de ce qui s'était passé durant la randonnée. Ce commentaire lui a arraché une partie d'elle-même. La partie finale. Ne pas être capable de monter son cheval a engendré un sentiment progressif de manque de confiance en elle. Au lieu de ressentir du bonheur, elle se sentait effrayée et frustrée. Elle aurait voulu vivre l'expérience que nous avions eue, mais n'aurait jamais osé participer comme nous l'avons fait.

Il s'agissait bien sûr de moments merveilleux entre ces chevaux et les propriétaires. En particulier, le premier jour où ils étaient capables de monter leur propre cheval en se faisant longer. On y voyait des sourires, des prises de photos, un réel bonheur et de l'espoir. La jeune fille, qui était nerveuse lorsqu'il s'agissait de monter le Paint à l'oeil bleu, m'a surpris un jour en me demandant si elle pouvait prendre son cheval pour faire une randonnée avec une autre fille de l'écurie. À ce moment-là, je savais que le cheval était prêt et capable de le faire, et il semblait que la fille l'était, elle aussi. Ils avaient marché, trotté et galopé. Elle avait beaucoup aimé l'expérience et sa mère m'a téléphoné plus tard pour m'expliquer tout cela. Sa fille avait passé une journée dans les nuages. Toutefois, des semaines plus tard, lors d'une journée très chaude et ensoleillée qui signalait la vraie fin de l'hiver, elle est tombée de son cheval dans le manège.

Il y avait beaucoup de gens à l'écurie en ce premier jour de chaleur printanière. Des cavaliers entraient et sortaient du manège, des véhicules se déplaçaient un peu partout, des enfants riaient et jouaient sur les buttes de neige autour du manège, des chiens se promenaient. La jument était en chaleurs et toute cette circulation, à laquelle elle avait rarement été exposée auparavant, a été un peu trop pour elle. Je pouvais voir sa tension augmenter. Tout de même, elle se contrôlait, et j'ai décidé de terminer la séance de monte et de l'amener hors du manège, à quelque distance de l'écurie pleine d'activités.

J'ai demandé à la fille de faire une dernière tentative pour essayer d'attraper une balle de tennis que j'avais placée sur une mince tige de métal plus tôt dans la journée, tout près de la porte du manège. Cette tige tenait à la verticale parce qu'elle était placée au centre d'un cône orange. Malheureusement, je n'avais pas remarqué que quelqu'un avait fait pénétrer la tige dans la balle. Elle n'était plus libre de tomber si la jeune fille ratait son coup, ou de se libérer si elle l'attrapait. Elle et son cheval ont réussi à passer près de la tige au trot et à attraper la balle. La tige, fermement attachée à la balle, est sortie du cône lorsque la fille a pris la balle dans sa main. Lorsqu'elles ont dépassé le cône, avec l'élan, la tige s'est dirigée vers l'avant, à côté de la tête du cheval. Une mince tige se balançait soudainement à côté du visage de ce cheval tendu qui avait déjà peur des cravaches. Elle a été surprise, s'est arrêtée et a fait quelques sauts de mouton sur place, et la fille est tombée dans le sable. Elle s'est foulé le poignet, mais la plus grande blessure n'était pas physique, pour la fille comme pour le cheval.

Après avoir amené la fille, qui était en larmes, à l'intérieur avec sa mère, je suis retourné voir la jument. Elle était visiblement en colère et de mauvaise humeur, mais pas violente. Elle se sentait trahie. Elle ne voulait pas coopérer et elle boudait. Lorsque je suis monté et lui ai demandé de marcher, elle voulait me défier. Elle résistait à la rêne, donnait des coups de tête, faisait de petits sauts de mouton. Elle voulait que je mette pied à terre. Cela peut sembler beaucoup d'émotions et de réactions différentes de la part d'un cheval, mais c'est ce que j'ai vu et compris clairement. Je l'ai menée à distance de l'écurie vers le chemin tranquille qui l'entourait. Je l'ai rassurée, nous avons marché ensemble et elle s'est calmée. C'était un grand soulagement pour elle. Toutefois, dans ses yeux, je vous jure que j'ai pu voir : « Oh non, qu'est-ce que j'ai fait là-bas? ». Je l'ai montée tranquillement pour revenir à l'écurie sans problème. Je pense que ni la fille, ni les parents n'avaient compris que la tige avait fait peur à la jument. Je crois que, malgré mes explications, ils pensaient que la jument avait changé et était maintenant dangereuse.

Tous ces événements se sont produits en très peu de temps, mais maintenant, la mère et la fille ne montaient plus leurs propres chevaux. Lorsque j'ai vu le regard sur le visage de la femme après le commentaire de son mari comme quoi c'était elle le problème et pas le cheval, sans autre mot, je savais que c'était fini pour moi. Elle allait trouver un autre moyen ou une autre personne pour réaliser son rêve à sa place. La même semaine, j'ai vu les chevaux passer entre les mains d'un dresseur plus âgé, qui a rapidement remplacé les brides sans mors par des brides avec mors et leur donnait des coups de poing, des coups de pied et les frappait à la tête pour les punir pendant qu'il les montait. C'était exactement ce que ces chevaux ne pouvaient pas tolérer. Ils se sont battus avec défiance et indignation, et j'ai vu la lumière disparaître de leurs yeux une fois de plus. Ils se tenaient debout dans leur box sans bouger, semblaient épuisés, rejetés et confus. Regarder la jument canadienne, qui semblait si incertaine maintenant, à travers les barreaux du box me rappelait ce cheval que j'avais été sur le point d'acheter des années plus tôt. Je n'étais plus capable d'aller à cette écurie. J'ai entendu dire plus tard que les trois chevaux, un à un, ont été une fois de plus rejetés, considérés non montables ou dangereux. Ils ont été envoyés ailleurs et remplacés par de vieux Quarter Horses expérimentés choisis pour les propriétaires. Il s'agit d'un bon choix pour les nouveaux cavaliers qui se concentrent uniquement sur leur propre monte. Ce n'est pas ce que je croyais que la famille voulait au départ. Avec le temps, j'espère qu'ils se rappelleront les grands moments qu'ils ont eus avec ces premiers chevaux; les limites qu'ils ont pu dépasser en eux-mêmes et avec leurs chevaux.

Je n'ai jamais su ce qui est arrivé à ces trois chevaux. J'espère seulement qu'ils n'ont pas eu à endurer de nombreuses répétitions d'achats et de revente à la suite de tentatives de nouveaux propriétaires pour les dresser en vue de les transformer en « bons » chevaux. J'espère qu'aucun d'entre eux n'a fini sa vie sur la tablette d'une épicerie. J'espère que des gens patients et compréhensifs ont vu ce que ces chevaux pouvaient vraiment donner, si on leur donnait du respect et une occasion de le faire, et que ces gens leur ont donné une vie heureuse.

Monica & Phantom

La jument cauchemardesque

« Il y a tellement de bons chevaux. Pourquoi perdre ton temps avec celui-là? »

Cela résume ce que nous entendions souvent à propos de Phantom, une jument arabe polonaise grise. Elle avait l'habitude de danser, de sauter, de se cabrer, de mordre et de donner des coups de patte. Elle n'était pas comme cela lorsque nous l'avons amenée à la première écurie de pension. Bien sûr, elle n'avait pas encore deux ans, on pouvait lui mettre un licou et elle nous suivait, mais elle était loin d'être calme. Elle détestait être dans un box. C'était un jeune cheval normal, plein d'énergie. Elle avait besoin de communication pour comprendre ce que nous allions faire, même si nous allions simplement explorer les alentours de la ferme. Ma femme avait commencé à faire cela et je dois admettre qu'à cette époque, je trouvais que son approche était enfantine. Elle pouvait calmer les tempêtes dans le comportement de Phantom en lui décrivant ce qu'elles allaient faire et en lui expliquant les choses. Pour moi, c'était trop de paroles et pas assez d'action. Je ne faisais pas les choses exactement de la même façon. J'étais plus rassurant physiquement, observateur et silencieux. Pourtant, elle a permis à Phantom de traverser des situations étranges durant lesquelles, si Phantom avait été seule, elle se serait enfuie instantanément, si elle avait osé s'avancer jusque là. Il pouvait s'agir de quelque chose de simple, comme marcher dans une allée très sombre et rencontrer une chaise, l'analyser et continuer d'avancer. Elle avait besoin d'être rassurée, de temps pour absorber les nouveaux points de vue ou les nouvelles tâches sans être forcée à avancer et surtout, de confiance, de douceur et de calme de notre part. Elle avait besoin qu'on lui fasse des demandes et non qu'on lui donne des ordres, et elle avait besoin de savoir pourquoi. La majeure partie de la frustration qu'elle exprimait provenait de son désir d'être entendue et comprise. Nous n'avions aucun problème avec elle. Elle était un cauchemar pour toutes les autres personnes qui s'imposaient à elle en tenant pour acquis qu'elle était juste un cheval « passif et obéissant » de plus. Je trouvais que l'approche de Monica était enfantine. Alors, il ne faut pas être surpris par le fait que Phantom hochait la tête pour répondre « Oui » ou la fasse bouger d'un côté à l'autre pour dire « Non » lorsqu'on lui demandait si elle était à l'aise dans une situation. Le mouvement du « Oui » était calme et le « Non » montrait avec évidence qu'elle était inquiète. Monica lui avait enseigné cela et Phantom utilisait ce qu'elle avait appris.

Même si je ne l'ai pas compris sur le coup, le caractère et l'intelligence de Phantom m'ont aidé à apprendre à réellement enseigner à un cheval en le rejoignant, en trouvant des façons de lui expliquer pour qu'il comprenne et par la suite voir son regard vide et appréhensif exprimer la réflexion et la compréhension. Il ne s'agissait pas de dressage dans le sens habituel du terme. Nous ne travaillions certainement pas à partir de l'action-réaction, basée seulement sur les menaces physiques directes ou la peur de la cravache ou tous les autres types d'agression communément utilisés lors de l'entraînement standard des chevaux. Néanmoins, je suivais toujours des routines communes comme longer le cheval, utiliser des longues rênes et lui demander de faire tout ce qu'on s'attend à ce qu'un cheval fasse dans une écurie régulière. Je peux faire une comparaison maintenant, mais à ce moment-là, ne pas tenir compte de ce que nous voyions dans les vidéos ou les livres semblait la manière naturelle de procéder avec elle. Nos piles de vidéos de dressage et de livres ramassaient de la poussière parce que la solution était directement devant nous et nous montrait clairement quel était le problème et comment le surmonter. Il fallait que ce soit un partenariat, un échange respectueux d'intention, de pensée et de capacité à apprendre *les uns des autres* et à s'ajuster.

Parfois, même lorsqu'elle exprimait clairement de la résistance ou de la frustration, si je maintenais la communication avec elle et la rassurais, elle essayait de se concentrer de nouveau. Cela se passait un moment à la fois, et j'ai dû apprendre à être patient et à m'adapter chaque fois qu'elle disait qu'elle ne voulait pas continuer ou qu'elle avait peur ou était frustrée à cause d'un manque de compréhension. Elle me forçait continuellement à trouver des moyens de l'aider à comprendre.

Dans l'introduction de ce livre, j'ai mentionné l'importance de reconnaître nos vrais sentiments selon ce que nous voyons vraiment et en puisant dans la source de nos propres expériences et à faire confiance à ses sentiments et à soi-même, même si notre ressenti n'est pas toujours conforme à un standard particulier. Même si cela semble très simple, ce peut être un peu compliqué, parce que nous arrivons parfois à des conclusions rapides à propos de ce que nous percevons et nous le faisons avec une certitude absolue. Par moments, même avec les meilleures intentions, nous tenons différentes idées pour acquis et même des préjugés au sujet d'un cheval en particulier.

Tous les propriétaires de chevaux gardant leur cheval à la maison savent que c'est comme un emploi à temps plein, ou du moins, comme être sur appel 24/7 et que les vacances sont rares. Je me souviens d'une fois où nous prévoyions partir pour la fin de semaine et cela était possible parce que ma mère allait venir habiter chez nous et s'occuper des chevaux à notre place. Elle n'en savait pas beaucoup au sujet des chevaux, mis à part ce qu'elle avait appris étant donné qu'elle était née dans les années 30 et que les chevaux faisaient partie de la vie à l'époque. Comme beaucoup de familles de sa génération, les écuries situées dans les cours arrière étaient communes dans les villes, mais c'était la dernière génération de ces chevaux, qui tiraient des charrettes sur des chemins de terre, ou lors des promenades du dimanche le long des champs où des vaches broutaient. C'était l'aube de la métropole moderne. Les rues commençaient à être pavées pour les automobiles et l'expansion et le développement de la ville ont fait disparaître les champs sans fin et les traverses de vaches à l'intérieur des limites de la ville.

C'était la fin de l'été et pendant notre absence, Phantom, la jument arabe très expressive et intelligente, donnait des coups de patte sur la conduite d'eau récemment installée qui était exposée au-dessus du niveau du sol près de la maison. La conduite terminait sa route dans l'abreuvoir des chevaux. Ce faisant, Phantom a défait un joint dans le tuyau et l'eau a sorti de l'ouverture. Ma mère nous a expliqué plus tard qu'elle a vu Phantom faire cela et elle croyait que c'était intentionnel et malicieux. Elle croyait que le cheval voulait briser la conduite d'eau. Selon son expérience des chevaux, un cheval qui faisait autre chose que rester debout et attendre un ordre pour travailler était un mauvais cheval.

Comment décrire Phantom? Intelligente et expressive. Elle avait une raison de donner des coups de patte à la conduite. Je crois que je connais la raison et en effet, son geste était délibéré. Les chevaux étaient libres à l'extérieur et, même s'ils pouvaient retourner dans la ferme pour boire, ils préféraient généralement accéder à l'eau à l'extérieur, à l'ombre des arbres. C'était plus pratique. J'avais oublié d'expliquer à ma mère que la conduite d'eau exposée au soleil faisait que l'eau qui tombait dans l'abreuvoir était très chaude. Il fallait la vérifier et possiblement la faire couler de temps en temps pour assurer que l'eau dans l'abreuvoir soit fraîche. Elle avait vu un mauvais cheval, j'avais vu un cheval assez intelligent pour dire : « Hey! Vérifiez ça! Ce n'est pas bon! » et elle a continué, en essayant de faire passer le message, jusqu'à ce que la conduite se brise. Bien sûr, ma mère n'a pas du tout compris le message.

Certains des étudiants qui suivaient des cours à notre maison étaient capables de travailler avec Phantom. Pour cela, ils devaient avoir confiance en eux et respecter ouvertement le cheval. Ils devaient comprendre comment je leur décrivais le cheval et s'ajuster en conséquence à différentes réactions. En d'autres mots, ceux qui me comprenaient et écoutaient le cheval réussissaient.

Phantom commençait à se sentir nerveuse si quelqu'un mettait simplement un licou sur sa tête, l'attachait à une longe et commençait à marcher. Cela n'a jamais changé avec elle. Il ne s'agissait pas de l'habituer par répétition. Cela semble étrange, mais elle se sentait mieux si on lui disait qu'on allait lui mettre une selle, la mener à l'extérieur et transporter un cavalier sur notre terre. Lorsque je voulais enseigner à une jeune fille de douze ans comment longer un cheval, il y avait un cheval, Peppy, qui, si j'étais présent, répondait parfaitement avec n'importe qui presque chaque fois. Je voulais que la jeune fille apprenne à interagir avec un cheval et non à rester debout sans bouger pendant qu'un cheval courait en rond autour d'elle. Phantom était certainement le meilleur choix pour obtenir une expérience intéressante.

Le sol était couvert de quelques pouces de neige, mais c'était une journée ensoleillée, sans nuages. Pour ce cours, j'avais rentré les autres chevaux, préparé Phantom et je lui avais dit quelles étaient nos intentions. Lorsque la jeune fille a pris la longe, je lui ai rappelé de visualiser en avance où elle allait, c'est-à-dire au milieu du champ. Une fois là, je lui ai demandé de caresser le cou de Phantom et de lui dire que tout allait bien. C'est important pour nos chevaux. La même chose s'applique avant une taille de sabots. Si nous suivions notre façon de faire, tout se passait bien. Pour ceux qui trouvaient notre philosophie stupide et choisissaient de l'ignorer, les choses ne se passaient pas bien du tout. J'ai demandé à la jeune fille de marcher en faisant de grands cercles avec Phantom et ensuite de s'éloigner tranquillement de quelques pas devant Phantom. Lorsqu'un cercle a été tracé dans la neige, j'ai demandé à Phantom de rester debout sans bouger et nous nous sommes éloignés de toute la longueur de la longe.

J'ai expliqué à la jeune fille que sa position relative devait être comme la pointe d'un « V » entre elle, la longe et la tête du cheval, et la chambrière vers l'arrière. Au Québec, spécialement où nous étions situés, la langue parlée est surtout le français, alors la fille devait soit dire *walk* (« marche ») en anglais ou faire un clic avec sa bouche. Pour le trot, il fallait dire *trot* ou faire deux clics, et pour le galop, il fallait dire *canter* ou au moins quatre clics rapides.

J'ai dû montrer aux chevaux ces signaux universels après avoir fait l'expérience d'un problème de langue un jour durant une randonnée. J'étais parti avec une personne qui avait reçu un certificat cadeau pour un cours ou une randonnée. Cette personne m'avait dit qu'elle avait beaucoup d'expérience avec les chevaux et l'équitation. Nous étions séparés par une certaine distance après avoir traversé une section dangereuse à pied. La cavalière a remonté et a dit « au pas ». Le cheval n'a pas réagi. Plutôt que d'utiliser des mots, s'avancer un peu sur la selle, avancer les rênes, une légère pression des mollets, ou une combinaison des gestes précédents auraient fonctionné. Lorsque je me suis retourné pour voir ce qui se passait, j'ai vu la personne tirer constamment sur les rênes. Le cheval aurait probablement avancé de lui-même, mais le mot ou l'intention était totalement opposé aux gestes de la personne. La seule chose que le cheval a comprise de sa part était la pression constante sur les rênes, alors il a commencé à reculer. Bien sûr, la tension et la frustration, autant pour le cheval que pour la cavalière, ont rapidement augmenté en quelques secondes et la cavalière s'est penchée pour fouetter le cheval avec les rênes en criant le même ordre qu'elle répétait depuis le début et a donné des coups de pieds aux flancs du cheval. Il semble que les cris stridents des personnes qui ont peur lorsqu'un cheval se met à courir soudainement soient universels. Elle a réussi à rester sur le cheval et je les ai fait s'arrêter lorsqu'elle m'a rejoint. En réalité, son expérience des chevaux consistait en une fin de semaine passée avec un ami de la famille qui gardait des chevaux dans sa cour et elle avait suivi un cours d'équitation dix ans plus tôt. Les chevaux étaient habitués à la petite zone que nous parcourions et j'étais devant au début de la randonnée alors, apparemment, elle s'est juste assise sur le cheval et m'a suivi. J'ai arrêté d'offrir des certificats cadeaux.

Revenons à l'histoire. Phantom avait compris ce qui se passait lorsque la jeune fille lui a demandé de marcher; elle a marché calmement et la longe n'était pas tendue. Je suis resté avec la jeune fille et l'ai aidée à garder la bonne position. Après un tour, je lui ai dit de demander le trot. Phantom a fait une belle transition et la timide jeune fille a réussi à dire « Good girl » (« Bonne fille ») en anglais, sans que je le lui suggère. Tout allait bien. Après deux tours au trot, je lui ai demandé de donner le signal du galop et de lever momentanément la chambrière du sol. Phantom a galopé sans problème. J'ai été plutôt surpris de constater à quel point les choses se passaient bien entre la jeune fille et Phantom. Cette dernière avait la grâce de faire tout ce qu'on lui demandait parce que, premièrement, elle comprenait, et deuxièmement, elle voulait le faire. Lorsqu'elle était avec nous, elle était vraiment avec nous.

J'ai vu des chevaux qui obéissaient aux demandes, et si le cheval montrait le moindre signe de résistance, ne faisant pas exactement ce que la personne avait en tête, ce qui est connu en général comme de la désobéissance, des corrections ou la force étaient utilisées. À un moment ou à un autre, le cheval explosait. Pour Phantom, si elle avait une mauvaise journée ou si elle n'aimait pas la personne, elle obéissait avec réticence, en montrant clairement qu'elle n'était pas intéressée. Elle demandait continuellement qu'on termine. Elle n'a jamais fait de mal à personne, mais ses actions étaient mal comprises et elle pouvait faire très peur à certaines personnes. Elle pouvait faire une grande démonstration en agitant la tête d'un côté à l'autre, en se cabrant et en allant de l'avant à l'arrière, mais sans se rendre au bout de la longe. Si la personne ne prenait pas le temps de la rejoindre d'une autre façon et y allait par la force, la partie était finie. Il était certain que rien ne serait réussi durant la séance.

Après un seul tour au galop, nous avons arrêté et avons appelé Phantom à nous. Phantom est venue calmement et s'est tenue à côté de la jeune fille pendant qu'elle la flattait. Phantom a baissé sa tête à la hauteur de la jeune fille et était dans un état très détendu, ce qui était rare. C'était évident dans son corps, mais visible surtout dans ses yeux. Ils étaient gros et ronds, clairs et profonds, et exprimaient son désir de rester là. La jeune fille était totalement captivée et pleine de gratitude. Phantom avait besoin de cela aussi. En quelques minutes, Phantom et la jeune fille s'étaient connectées très profondément, et cela ne venait pas de l'exercice de longe.

À ce moment-là, je commençais à avoir moins d'étudiants réguliers, même avec mes meilleurs étudiants. Les chevaux faisaient ce qu'on attendait d'eux, mais j'ai commencé à voir qu'ils n'étaient pas complètement heureux. Vers la fin d'un cours, ils en avaient eu assez et c'était plus apparent. Lors des étés précédents, nous avions monté un parcours dans le champ : un étroit chemin par lequel passer, comportant des virages à quatre-vingt-dix degrés. Les côtés avaient environ quatre pouces ou dix centimètres de hauteur. Pour que le cheval tourne bien, les étudiants devaient apprendre comment contrôler indépendamment l'avant et l'arrière du cheval. Il fallait aussi passer entre une rangée de poteaux, comme pour faire un slalom. Cela était suivi par un court tunnel couvert de vignes, et de longs fossés remplis de fleurs comme obstacles, d'environ un pied ou trente centimètres de haut. Des anneaux en plastique étaient aussi suspendus à des attaches aux poteaux d'un manège de dressage temporaire. Le cavalier devait demander au cheval d'avancer le long de l'extérieur du manège en tenant les rênes dans une main et une épée en plastique dans son autre main. Ensuite, il fallait diriger le cheval pour qu'il se rapproche tranquillement des poteaux pour attraper les anneaux en passant l'épée au centre des anneaux en galopant à vitesse régulière.

J'ai expliqué à la jeune fille le chemin à prendre avec Phantom. Elle allait compléter tout le parcours, sauf la partie consistant à attraper les anneaux. Elle et la jument devaient marcher dans le sentier sinueux, trotter par-dessus un fossé, marcher en serpentant entre les poteaux, trotter dans le tunnel et galoper en passant par-dessus un autre fossé. Je lui ai demandé de m'expliquer à son tour le parcours, de visualiser elle et Phantom en même temps, et de pointer le parcours pendant qu'elle l'expliquait. Phantom la regardait pendant qu'elle le faisait et tournait sa tête vers les endroits que la jeune fille pointait. Je pense qu'elle comprenait ce qui allait se passer. Tout ce processus peut sembler ridicule pour certaines personnes, mais peut-être seulement parce que je le décris en détail. Les chevaux remarquent déjà beaucoup plus de détails à notre sujet que ce que nous pourrions percevoir. Ils nous observent toujours pour essayer de comprendre ce que nous allons faire et ce qu'ils devront faire. Selon mon point de vue, je savais ce que j'allais faire, j'en avais évidemment l'intention et je ne pourrais pas le faire sans le cheval, alors je prends le temps de lui expliquer ce que nous allons faire ensemble. Cela fonctionne toujours bien.

Un jour, un petit groupe de cavaliers se sont arrêtés chez moi. Ils venaient d'une écurie de pension du voisinage. Ils avaient vu le parcours et avaient demandé s'ils pouvaient l'essayer. J'ai accepté et une jeune fille d'environ quinze ans était très excitée d'aller dans le parcours. J'ai été agréablement surpris de voir la jeune fille faire le parcours à pied avec son cheval. Elle voulait d'abord le familiariser à l'activité. Elle était très enthousiaste. Elle voulait vraiment faire le parcours. Le groupe venait d'une écurie standard, les chevaux étaient ferrés et ils utilisaient des brides avec mors et de vieilles selles western qui pesaient une tonne. Le problème était que la jeune fille a fait très vite le parcours en tirant son cheval, souriante et ravie, mais n'a pas remarqué son cheval, qui donnait des coups de tête vers l'arrière avec des yeux exorbités pendant qu'elle tirait les rênes attachées au mors. Son intention était bonne, mais le cheval semblait être simplement un accessoire lui permettant de faire ce qu'elle voulait faire. Il n'était pas une partie intégrante de l'expérience. Ce n'était pas partagé. Voyez-vous la différence dans cet exemple?

J'ai aidé mon étudiante à monter sur Phantom et elles ont commencé. Leur parcours s'est fait de manière détendue, dans les temps et sans faire d'erreur. Elles sont venues me voir après avoir fait le parcours. J'ai demandé à la jeune fille de mettre pied à terre et la monte était terminée pour la journée. J'étais content pour Phantom et fier de la jeune fille. Cette monte avait duré moins de trois minutes, mais c'était un accomplissement formidable pour la jeune fille. Ce serait un des moments les plus mémorables de sa vie. La majorité de mes étudiants adultes n'auraient jamais réussi à faire même une infime partie de ce qu'elle avait réussi à faire. Je suggérais à très peu d'adultes de travailler avec Phantom durant un cours. Je pouvais les compter sur moins d'une main. Ils avaient bien appris l'aspect physique et technique de l'équitation, mais quelque chose d'essentiel manquait, qu'ils ne pouvaient pas saisir et qui était essentiel pour travailler avec Phantom. Il s'agissait plutôt du problème commun concernant ce dont ils ne pouvaient pas se débarrasser. Je parle, bien sûr, de la mentalité omniprésente qui demande d'être le dominant ou le patron. C'est le besoin d'être totalement en contrôle à chaque moment et la peur de s'ajuster à une pensée individuelle ou à une action de la part du cheval. Tout comme pour cette jeune fille souriante de quinze ans qui tirait son cheval derrière elle, le cheval était un véhicule. Monter un cheval était une joie, et la même joie serait ressentie si on remplaçait le cheval par un autre. Un lien intime avec le cheval n'existait pas vraiment et pourtant, ce lien est ce que la plupart des gens semblent rechercher. Ils vivent dans l'habitude de ce qu'ils ont vécu et appris au sujet des chevaux, et lorsqu'on parle de chevaux, on croit qu'il faut tout leur imposer et qu'ils soient bien dressés. Ils échouent à rejoindre leur cheval et à voir l'évidence.

Mon étudiante trouvait que Phantom était impressionnante, magnifique, intelligente et, peut-être, se sentait aussi seule et incomprise qu'elle-même. J'ai souvent eu des étudiants que je voyais seulement sourire lorsqu'ils étaient avec un cheval. Ce n'était pas seulement parce qu'ils montaient un cheval, mais parce qu'ils sentaient le besoin d'être acceptés par le cheval et appréciaient profondément ce que le cheval permettait, qu'ils puissent monter ou non. Phantom, conforme à l'image typique du cheval arabe, que la plupart considèrent comme violent et dangereux et que la plupart des gens auraient euthanasié, était en réalité intentionnellement délicate et collaborative avec une jeune fille de douze ans assise sur son dos. Il n'est pas facile de décrire comment le faire et encore plus difficile de l'expliquer. L'ingrédient principal doit venir de l'étudiant. Dans ce sens, je ne leur enseignais rien. Je présentais une occasion permettant à quelque chose de fleurir. C'était des occasions de laisser ce mur invisible s'écrouler enfin.

Peppy & Michael

Perception

Peu importe ce que le dicton célèbre dit, nous avons tous tendance à juger les gens selon leur apparence. Nous faisons des conclusions en nous basant sur la première impression et nous évaluons une situation rapidement. Même si cela peut nous être utile, nous déformons souvent ce qui se trouve devant nous selon nos expériences passées ou nos attentes.

Lorsque j'étais petit et après avoir fait l'expérience des services militaires, mes cheveux étaient longs. Toutefois, j'avais déjà perdu la plupart des cheveux sur le dessus de ma tête à trente ans. C'est incroyable de constater à quel point une différence dans la longueur, le style ou le changement de couleur des cheveux peut modifier l'image générale d'une personne. Malgré ma perte de cheveux, je les ai laissés continuer à pousser. Je suis l'homme chauve avec de longs cheveux frisés. Les précieux cheveux qui me restent sont pour la plupart à l'arrière et je les attache habituellement en queue de cheval. Ce n'est pas une déclaration sociale ou rebelle. Je suis peut-être un peu vieux pour cela. C'est simplement parce que je préfère cela, et en réalité, c'est tout ce qui me reste.

Si je suis bien habillé et rasé de frais, certaines

personnes pensent encore que je suis quelqu'un qui aime « faire le party ». Si je porte une veste de cuir, je pourrais faire partie d'un groupe de motards ou être un hors-la-loi. Après un après-midi passé à jouer avec les chevaux ou à tailler des sabots, je porte souvent des vêtements qui sont vieux et peut-être même déchirés, tachés par la saleté, l'herbe et la sueur. Certaines personnes pensent que je suis un sans-abri et disent à leurs enfants de se dépêcher pour m'éviter. Si je porte un complet et que mes cheveux sont bien peignés vers l'arrière, je suis un mafioso ou un assassin. J'aimerais bien que les gens me voient comme une étoile du cinéma ou comme un musicien, mais je suis silencieux et réservé et on m'a déjà dit que lorsque je ne souris pas, j'ai l'air intimidant. Lorsqu'à l'époque je travaillais à des endroits sécurisés, si je portais un veston et une cravate, les gardiens m'appelaient monsieur et me laissaient passer sans hésitation. Si je me présentais à un moment où j'étais mal coiffé, non rasé et en jeans, comme la fin de semaine ou en soirée, les mêmes gardiens, qui travaillaient par quarts rotatifs, m'arrêtaient pour me questionner jusqu'à ce qu'ils se rappellent qu'ils me connaissaient. Ils ne me regardaient jamais plus comme avant. L'image négative était restée.

Le même type de jugements a lieu constamment en ce qui concerne les chevaux. En tant que pensionnaire, c'était évident et continuel pour Phantom, mais d'autres m'ont dit avoir subi le même type d'attitude. Une personne qui regardait une personne travailler dans un manège avec un cheval portait directement un jugement. Il ne fallait que quinze secondes d'observation à travers une fenêtre pour qu'une chose inattendue se produise et que des rumeurs commencent, soit concernant le cheval, qui était jugé mauvais, ou le cavalier ou l'entraîneur, qui était jugé mauvais, ou les deux. J'ai vu des gens et des chevaux être étiquetés et stigmatisés à des écuries. C'est triste à dire, mais la plupart des gens participent à ce dénigrement plutôt rapidement. Pour certains, c'est une forme de divertissement. Les résultats peuvent faire beaucoup souffrir les gens et les chevaux et être très dévastateurs. Les gens prennent parti, des conflits ont lieu et l'ambiance dans l'écurie devient si lourde qu'il y a des menaces et des combats, et des gens se font expulser ou décident de changer d'écurie.

Il est rare de trouver des personnes partageant des croyances similaires dans une même écurie, où la coopération, le respect des valeurs, de l'équipement et des chevaux des autres, le partage amical du temps d'utilisation des ressources ou de l'espace auraient lieu. Je n'ai jamais vu un tel endroit lorsque j'étais pensionnaire, mais au fil des années, j'ai visité des écuries privées où ce respect était la norme. Lorsque je parle d'écurie privée, je veux dire que les portes ne sont pas ouvertes à n'importe qui. Le propriétaire va seulement accepter des pensionnaires qui partagent les mêmes idéaux. De plus en plus d'écuries de ce genre apparaissent un peu partout. Lorsque nous avons commencé à être pensionnaires, la seule différence importante était le type d'équitation : anglaise ou western. La différence qui a commencé à faire lentement surface par la suite était le choix de ne pas ferrer le cheval. Ensuite, mais avec moins de force, il y a eu l'équitation sans mors. Les endroits où j'étais appelé étaient considérés comme alternatifs. Ils avaient dépassé le dressage et les conditions de vie traditionnels. Ils suivaient de plus près le mouvement sans fers et tout ce que cela impliquait, et préféraient les soins ou les traitements préventifs naturels au lieu des pratiques vétérinaires standard. Ils se souciaient de l'ajustement de la selle et, même si c'était encore rare, beaucoup préféraient monter sans mors. Considérant tout le progrès et les connaissances rassemblés au sujet du cheval, il est presque incroyable qu'aussi peu d'endroits du genre existent. Nous pourrions être considérés comme très lents à nous adapter à ces progrès dans notre petite partie du monde, mais au moins, j'avais vu, et, heureusement, contribué à rendre de telles écuries plus connues et moins étranges.

Tout comme à une écurie régulière, où certaines personnes ne se fient pas aux opinions des autres, mais à leur propre opinion concernant une personne ou un cheval après l'avoir vu directement, beaucoup de propriétaires de chevaux sont ouverts d'esprit. C'est un phénomène de plus en plus répandu. Les personnes qui trouvent des problèmes aux méthodes ou ne se sentent à l'aise avec aucune d'entre elles cherchent des réponses. Elles s'informent constamment, deviennent plus indépendantes pour elles-mêmes et pour leurs chevaux. Je les considère motivées, directes et innovatrices. Ce ne sont peut-être pas des personnes extraverties ou des activistes, mais elles poursuivent une noble cause hors des sentiers battus. Il faut du courage pour prendre la défense de son cheval. Beaucoup de gens m'ont dit avoir vu avec horreur un dresseur faire quelque chose à leur cheval qu'ils n'auraient jamais fait eux-mêmes. Pourtant, ils sont restés silencieux, en pensant que le dresseur en savait plus qu'eux, ou qu'eux-mêmes ne connaissaient rien. Ceux qui m'ont raconté ces histoires ont regretté de ne pas avoir agi. Toutefois, l'expérience les a rendus, par la suite, plus forts.

Eh oui, nous sommes humains! Nous avons de

mauvaises journées, nous aussi. J'écris au sujet de l'importance d'être dans le moment présent, mais nous le tenons souvent pour acquis. Nous avons tendance à voir les choses en fonction de l'idée que nous avons à leur sujet, par exemple, lorsque nous lisons mal un mot sur une page. Ce livre a été révisé par quelqu'un d'autre. Je pourrais réviser une page dix fois et toujours rater une erreur parce que dans ma tête, je sais ce que le mot doit être et l'ai vu écrit de cette façon. J'ai constamment raté l'erreur qui se trouvait devant moi. Nous pouvons souvent mal lire une situation ou une réaction si nous sommes pressés ou s'il y a une urgence. Dans *La force de l'intuition,* Malcolm Gladwell[1] explique le fonctionnement interne de notre cerveau et des réactions basées sur notre expérience et le stimulus externe. Ces réactions instantanées, ou suppositions, peuvent parfois nous faire voir quelque chose qui n'est pas vraiment là. J'ai entendu dire que la lecture de cet ouvrage était maintenant obligatoire à la faculté de droit de l'Université Columbia et dans certaines formations de policiers. J'ai trouvé cet ouvrage extrêmement intéressant et informatif et son contenu peut être appliqué pour tout type de profession et de style de vie.

Un vétérinaire local a changé sans le savoir ma façon de voir les chevaux. À ce moment-là, j'étais à une très grande écurie, où je dressais des chevaux pour le propriétaire qui les importait de Shamrock, en Saskatchewan. Mon Big Leo venait du même endroit. Peppy, le cheval sympathique, le dernier étalon que je dressais quand l'écurie a été vendue, était aussi à cet endroit et est devenu un membre de notre famille. C'est une autre histoire. À cette écurie, un étalon était en pension régulière. On m'avait averti qu'il avait tué deux personnes et qu'il était imprévisible. Que ce soit vrai ou non, parce que c'était un étalon, les gens marchaient déjà sur des œufs autour de lui. Les étalons sont souvent traités différemment, les gens en ont peur et ils sont pratiquement ostracisés dans une écurie régulière. Habituellement, une seule personne va s'en occuper et il est souvent laissé seul et sorti moins souvent que les autres chevaux. Beaucoup moins souvent. Il était interdit de l'attacher dans l'allée pour faire son box. Seul le propriétaire du cheval le faisait, et pas à tous les jours. Un cheval enfermé dans un box presque en permanence alors qu'il voit les autres chevaux entrer et sortir régulièrement ne peut pas être heureux. Lorsque les chevaux deviennent aussi frustrés, cela ne fait que renforcer la peur inhérente des gens.

Le vétérinaire est venu vérifier les dents du cheval et les limer. Il m'a demandé de l'aider. Je lui ai dit que les autres avaient dit que le cheval était dangereux. Pendant qu'il mettait son habit de travail, il a calmement tourné sa tête d'un côté à l'autre et a dit que le cheval serait aussi bon ou mauvais que n'importe quel autre cheval. Le vétérinaire dégageait beaucoup de calme et m'a demandé de faire attention à ce que mes mouvements soient doux et fluides. Le cheval était un peu nerveux lorsque nous avons ouvert la porte et, bien sûr, il s'est approché de l'ouverture en espérant sortir. J'ai demandé au cheval de reculer en posant une main sur son poitrail et j'ai flatté son cou. J'étais heureux qu'il n'essaie pas de faire passer son message de façon expressive, comme la plupart des chevaux l'auraient fait, en mordant, pour dire : « Laisse-moi tranquille! », pour dire : « J'ai faim! », pour dire : « Fais-moi sortir! ». Je ne me souviens pas de son âge exact, mais il n'était pas un jeune cheval inexpérimenté et il avait plus de quatre ans. Je lui ai mis son licou et ai attaché la laisse. Il était calme. Je flattais la base de son cou et le vétérinaire a dit que je devrais le flatter en mouvements légers et circulaires et laisser l'amour couler par ma main. C'était un peu étrange pour moi d'entendre ça, surtout de la bouche d'un vétérinaire. Je ne m'y attendais pas du tout. Cela m'a aidé à comprendre que l'action seule pouvait être très superficielle si elle était faite avec nervosité ou d'une manière robotisée ou habituelle sans lui donner de sens. J'ai fait ce qu'il a dit et j'ai senti la différence. Le vétérinaire a fait son travail d'une manière lente et sûre et le cheval s'est beaucoup relaxé. Lorsque nous avons terminé et sommes sortis du box, il a dit : « Vous voyez? Ce cheval n'a aucun problème. »

Ce vétérinaire a été la pierre qui a fait éclater ma bulle de doute, d'appréhension et de peur, que les autres m'avaient inculquée à propos de ce cheval. Tout aurait pu arriver dans le box, le cheval aurait pu avoir de sérieux problèmes avec les gens, mais j'ai appris à ne rien tenir pour acquis et à ne pas avoir de préjugés d'une façon ou d'une autre. À partir de ce jour, ce cheval avait hâte de me voir parce qu'il était très content quand je venais faire un tour de son côté. Je lui donnais de l'attention et le brossais s'il n'y avait personne dans les alentours, et le saluais toujours lorsque je passais à côté de lui. Même si je n'étais pas responsable de lui, je nettoyais son box en secret lorsque j'en avais la chance, pendant qu'il était dedans. J'étais son seul ami là-bas. J'avais une approche un peu différente avec les chevaux et tout le monde me connaissait comme le fou qui montait sans mors, alors, d'une certaine façon, il était mon seul ami là-bas aussi.

Un exemple similaire concernant de fausses perceptions instantanées s'est produit avec Big Leo. Un été, Big Leo a développé une contusion sous la sole (bleime). Les chevaux étaient à l'extérieur presque tout le temps. Les seuls moments où je les rentrais à l'écurie étaient pour de courtes périodes lors de conditions hivernales extrêmes, soit une tempête de neige avec des vents de l'arctique ou un gel important et profond, ou de la grêle et de forts vents en été. C'était presque comme devoir choisir le moindre mal. Comme je l'ai mentionné plus haut, notre terrain est humide pour environ deux mois à la fin de l'hiver. Cela, jumelé à la marche sur de la neige pour au moins cinq mois, fait que les sabots peuvent subir des dommages lors de journées chaudes et ensoleillées sur une section de gravier nouvellement exposée.

J'allais traiter la sole meurtrie de Big Leo en mettant sa patte dans un seau d'eau et de sel d'Epsom. Maintenant, vous savez que Leo en a vu d'autres avec moi, et que placer son sabot dans un seau d'eau, à mon avis, n'était pas une tâche spéciale. Je m'inquiétais pour lui et je ne supportais pas de le voir souffrir. Lorsque j'ai placé son sabot dans le seau, il a résisté et sortait continuellement sa patte du seau. J'ai remis sa patte dans le seau quelques fois en lui demandant de ne pas bouger, mais alors, il l'a fait tomber sur le côté en s'en allant rapidement. Cela m'a vraiment énervé. Il semblait effrayé et incertain à propos de ce que nous faisions. Cela m'a mis en colère. J'essayais vraiment de l'aider, et lorsque je lui demandais simplement de ne pas bouger, ce qui est très simple et aurait dû être facile pour lui parce qu'il avait du mal à marcher, il résistait. Il connaît très bien mes tons de voix et leur signification. J'avais appris à faire attention à mon langage, parce que certains mots lui montraient à quel point j'étais vraiment frustré. Lorsqu'il a renversé le seau et a fait couler la source de guérison, je me suis simplement retourné et j'ai mordu ma lèvre, en proie à un grand désappointement et à une grande colère. Je ne comprenais pas pourquoi il ferait une telle chose lorsque j'essayais de l'aider. J'avais autre chose à faire de ma journée. Maîtriser ma frustration, prendre le seau et le remplir dans la maison m'a demandé beaucoup d'efforts. Je sais très bien maintenant que Leo sait comment je me sens, que je me morde la lèvre ou non. C'est ce qui m'aide maintenant à voir, à écouter et à ne pas réagir instantanément en fonction de mes propres émotions. Les chevaux ont toujours une raison pour faire ce qu'ils font.

Lorsque je suis revenu avec le nouveau mélange, Leo était debout sur une pile de foin doux qui s'était accumulé durant l'hiver. Il m'attendait et n'a pas bougé quand je me suis approché avec le seau rempli de nouveau, et n'a pas du tout résisté lorsque j'ai placé son sabot dedans. À ce moment-là, je me suis rendu compte qu'il n'avait pas résisté et n'avait pas eu peur lorsqu'il avait retiré son sabot et était parti. Il essayait de me dire depuis le début qu'il savait que je lui voulais du bien, mais qu'il voulait aller sur un sol plus mou. Parce que, lorsque j'ai essayé la première fois, nous sommes allés à la zone la plus élevée, sèche et dure, c'était plus pratique pour moi. C'était la zone où il s'était blessé et où il était plus difficile pour lui de se tenir debout à cause de sa sole meurtrie. En d'autres mots, il me disait doucement, puis plus fort : « D'accord, je peux le faire, mais faisons-le là-bas, pas ici ». Je n'ai pas compris sur le coup. J'en étais venu à mes propres conclusions sans lui donner le temps de me montrer ce qu'il voulait me dire. À bien y penser, la seule différence était mon interprétation de sa réaction.

Je vous ai présenté quelques exemples des raisons pour lesquelles il est important de bien connaître notre cheval, d'être ouvert et d'essayer de comprendre ce qui se passe dans le moment. Une multitude de petites expériences du genre m'ont mené à un point tournant dans ma vie avec les chevaux. Après tout ce temps et tout le succès obtenu en les dressant, je me suis retrouvé là où j'avais commencé. Les chevaux se tenaient devant moi et après avoir tant appris, je n'étais plus certain de ce qu'il fallait faire avec eux. Le mot « respect » est un grand mot dans le monde équestre, qui signifie surtout que les chevaux devraient uniquement nous écouter. Réagir, performer et ne pas nuire, comme un robot bien programmé. Toutefois, je les voyais sous un jour nouveau maintenant. J'avais une nouvelle connaissance et un nouveau respect *pour eux*.

Lorsque le propriétaire d'une grande écurie dont j'ai parlé plus haut a vendu son écurie, j'étais toujours responsable de la vente d'un cheval. J'avais eu Peppy pendant environ dix mois et il avait maintenant un peu plus de deux ans. Le nouveau propriétaire de l'installation ne voulait mettre en place aucun partenariat d'affaires concernant le dressage des chevaux et nous augmenterait nos frais de pension. Nous devions changer d'écurie. Nous avons eu la chance de trouver une ferme louée par un fermier à une femme qui voulait démarrer une petite école privée d'équitation. C'était une vieille ferme et j'ai tout d'abord pensé que ce serait tout un changement par rapport aux installations modernes desquelles nous déménagions. Le montant de la pension était très raisonnable et nous avons apporté nos trois chevaux et Peppy à cette vieille ferme.

Je devais terminer son dressage et essayer de le vendre. J'avais pris un arrangement comme quoi, en échange de la pension de Peppy, je devais m'occuper de tous les chevaux sur place et du nettoyage des box. Il n'y avait qu'un seul autre pensionnaire en plus des quatre chevaux de la femme. J'ai appris plus tard qu'ils partageaient la location de l'endroit avec le fermier.

Il y avait peu d'espace et aucun manège intérieur, mais il y avait un grand manège extérieur en sable. J'ai rapidement découvert que j'aimais que l'écurie soit visitée par moins de gens, par rapport aux autres endroits où nous avions été. Nos chevaux allaient sortir en groupe et nous jouions en liberté plus que jamais. Pendant qu'ils couraient le long de l'enclos en groupe, je les guidais lorsqu'ils revenaient vers moi. Ils se sont habitués à cela et lorsqu'ils sont entrés dans le manège pour la première fois, ils se sont déplacés en file indienne, ont commencé à marcher en formant un grand cercle autour de moi et ont attendu le signal pour pouvoir prendre possession de tout l'espace. Les voir courir ensemble avec cette nouvelle liberté était excitant pour moi. Les chevaux semblaient plus vivants et plus heureux. Quelque chose avait changé dans leur apparence générale, mis à part le fait qu'ils étaient en bien meilleure forme.

Tout avait été si contrôlé et limité aux autres endroits. On ne m'aurait pas permis de jouer avec mes chevaux auparavant, surtout avec plusieurs à la fois, puisqu'on croyait que c'était trop dangereux. De plus, la disponibilité des manèges était limitée. Les gens étaient trop nerveux de monter en même temps puisque mon cheval n'avait pas de mors et que je montais parfois pendant que les autres chevaux étaient libres. Avec autant de pensionnaires, de cours et de pratiques, je ne pouvais pas travailler avec de jeunes chevaux ou les laisser en liberté. Les gens avaient trop peur. Ils n'étaient pas habitués de voir des chevaux non dressés. Si je sortais le très énergique Peppy de son box en présence d'autres gens, ils libéraient littéralement les allées. Tout le monde courait se cacher quelque part! Les chevaux et moi devions nous voir surtout avant huit heures du matin, quand il n'y avait personne aux alentours.

Nous avions une nouvelle liberté à cette vieille écurie. J'ai passé plus de temps à travailler avec Peppy. Il connaissait les commandements de base, se longeait facilement, acceptait tout l'équipement, se laissait manipuler lors du brossage et du nettoyage de ses sabots et se tenait tranquille lorsqu'il était attaché dans l'allée. Il venait quand je l'appelais et il se laissait mettre un licou sans problème. Je savais que le marché moyen ne faciliterait pas sa vente. Il était encore trop jeune et n'avait pas d'expérience de monte. À ma grande surprise, quelqu'un était très intéressé à l'acheter et a finalement décidé de venir le voir. J'étais certain que l'homme allait acheter Peppy. Il m'a téléphoné une semaine après notre échange de messages pour me dire qu'il était en chemin vers l'écurie. Il allait conduire pendant trois heures avec sa remorque pour chevaux. Nous devions nous rencontrer à l'écurie, mais ce matin-là, la femme était là en avant-midi pour accomplir les tâches. Je l'ai informée de la rencontre et lui ai dit que j'allais arriver bientôt. Elle avait mis les chevaux à l'extérieur et l'acheteur est arrivé avant moi.

Pendant que je conduisais, la réalité de la vente de Peppy a commencé à faire son chemin. Je me disais que j'avais vendu d'autres chevaux sans que l'attachement émotionnel que j'avais avec eux soit aussi fort que celui entre moi et

Peppy. En pensant au départ de Peppy, j'ai eu les larmes aux yeux. Cela m'a rendu très triste, mais je savais que je ne pouvais pas le garder.

Lorsque je suis arrivé, ils étaient de l'autre côté de la clôture du manège extérieur. L'acheteur regardait simplement Peppy se déplacer et a immédiatement voulu faire baisser beaucoup le prix. Peppy provenait d'un éleveur réputé et était un Paint enregistré. Il m'avait coûté assez cher, même pour un poulain. L'homme parlait comme s'il me faisait une faveur en me débarrassant de Peppy. Il m'a dit qu'il accepterait de choisir Peppy parce qu'il prévoyait s'amuser en faisant des courses de baril pendant l'été. Il le vendrait ensuite pour la viande à l'automne pour récupérer une partie de son argent. Je pensais que j'entendais des voix. Je ne vendais de cheval à personne quand j'entendais de telles choses et j'ai même augmenté mon prix pour m'en assurer. L'argent ne me ferait pas changer d'avis. Dès que l'homme est parti, j'ai appelé le propriétaire de l'ancienne écurie pour lui dire que j'allais lui acheter Peppy. Je ne savais pas trop comment j'allais faire pour payer, mais je m'étais attaché à Peppy.

J'ai rentré Peppy dans l'écurie et la femme m'a demandé si la feuille attachée à sa porte était la sienne. Toutes les choses qu'il savait faire étaient écrites sur la feuille. J'ai trouvé que la liste était complète et j'en étais plutôt fier. Elle la trouvait amusante, parce que lorsqu'elle a libéré Peppy dans le manège, elle n'a pas été capable de le ramener à l'arrivée de l'homme. Il ne venait pas quand on l'appelait et elle a eu des difficultés à lui mettre son licou. Cette situation a fait souffrir son ego. C'était le premier signe indiquant le type de relation que je formais avec les chevaux, mais, à ce moment-là, toutes ses phrases m'ont laissé perplexe. Peppy faisait toutes ces choses avec moi; je ne comprenais pas pourquoi il ne les avait pas faites ce jour-là. Malheureusement, ma supposition selon laquelle il se comporterait de la même façon avec tout le monde n'a pas changé. Cette idée me semblait bizarre, puis je l'ai oubliée, parce que je n'avais pas de difficultés avec Peppy.

La femme qui louait la vieille écurie voulait donner des cours, mais ne s'entendait pas bien avec le partenaire de location qui était le seul autre pensionnaire. À cause du conflit entre eux, elle est partie avec ses chevaux. Maintenant, il ne restait que nos quatre chevaux et ce pensionnaire. J'ai été chanceux de pouvoir établir le même genre d'arrangement avec lui pour Peppy. L'homme vivait et travaillait à proximité, alors il nourrirait les chevaux au début de la journée. Je serais là du milieu de l'après-midi à la fin de la soirée. Il avait un cheval surtout pour sa fille et elle était à l'école, alors les chevaux et moi avions l'endroit à nous. J'ai aussi réussi à établir un arrangement pour acheter Peppy. Nous avions un nouveau membre dans notre famille, une relative liberté et du temps entre nous.

Le jour où tout a changé

Est-ce qu'un moment précis a changé pour toujours ma façon d'être avec les chevaux? Oui, il y a effectivement eu un énorme point tournant. Le grand événement de ma vie avec les chevaux a eu lieu durant l'été 2005. Je montrais l'équitation de randonnée à un Haflinger de 5 ans et à sa propriétaire. Les deux manquaient d'expérience. Puisque je n'avais pas monté Leo depuis longtemps, j'avais appris à faire beaucoup de travail au sol et développé l'habileté d'anticiper la réaction des chevaux. J'ai trouvé que le travail au sol était beaucoup plus important que de s'asseoir sur le cheval, même si c'est notre but et que c'est urgent pour nous. Ce que ressentaient les chevaux était évident pour moi quand je les regardais. J'ai eu la chance de commencer sans me baser sur mes propres émotions pour faire des interprétations. Il est si facile de le faire, mais à la surface, leurs réactions ne sont pas si différentes des nôtres. Cela peut comprendre un regard de confusion, des sourcils inquiets et une tension des muscles. Mon objectif principal était que le cheval apprenne à rester dans un état calme, ce qui est facile à déduire en le regardant, alors la force et la violence physiques n'ont pas été utilisées. Cela exclut aussi ce que la plupart des gens ne considèrent pas comme violent. Un mors, à mon avis, est violent. La recherche a prouvé les effets néfastes du mors. Cela a même été présenté à la FEI, mais même si une méthode de dressage controversée relativement récente, appelée Rollkur, ou hyperflexion de l'encolure, a été interdite après des présentations par des vétérinaires à cause des dangers de la méthode, les mors ne pouvaient pas être interdits. Le Dr Cook, qui, au moment d'écrire ce livre, était la dernière personne activement impliquée dans l'abolition du mors, ou, du moins, l'autorisation de participer aux compétitions avec une bride sans mors, a déclaré que leurs raisons d'ignorer l'étude scientifique se basaient sur la tradition. Le code de la FEI concernant le bien-être du cheval a été mis de côté dans ce cas étant donné l'habitude d'utilisation extrêmement répandue.

Je ne frappais pas le cheval non plus, en aucune façon, pour le corriger. Et que penser d'une chaîne sur le nez pour le corriger ou l'immobiliser? Hors de question. Je ne poursuivais pas non plus le cheval avec une chambrière. Je n'agitais pas la longe attachée à la tête du cheval et je ne lui donnais pas de coups de bâton. Pas de claques. Le réconfort était l'un de mes principaux outils et, avec la patience, je trouvais des façons d'aider le cheval à comprendre ce que je voulais. Cela fonctionnait toujours.

Une partie de l'illumination que j'ai vécue cet été-là était aussi reliée aux sentiments ou aux actions du cheval. Les chevaux avec lesquels je travaillais à la maison étaient si gentils avec moi. Ils étaient aussi plutôt gentils avec le propriétaire si j'étais présent. Si un propriétaire se présentait quand je n'étais pas présent, j'entendais dire que, parfois, il n'avait pas été capable de mettre un licou au cheval et laissait tout tomber avant de s'en aller en colère et frustré. Pourquoi est-ce que cela me semblait familier? Plus précisément, avec ce cheval et ce propriétaire, après un tel incident, j'ai par la suite montré comment je faisais pour mettre un licou au cheval. Le cheval venait quand je l'appelais, se laissait facilement mettre un licou, mener dans un pâturage et restait debout sans bouger pendant que je reculais et faisais un cercle autour de lui. Le propriétaire a été ébahi et il a dit qu'il avait l'impression d'être devant un cheval complètement différent. Cela m'a mené à me poser quelques questions : Qu'est-ce qui se passait? Quelle était mon erreur quand j'enseignais aux gens? Pourquoi ne pouvaient-ils pas faire ce que je faisais, même si je leur donnais des cours une, deux ou trois fois par semaine? Je me suis rendu compte que mes chevaux, et tous les chevaux que je dressais, étant donné qu'aucune force et aucune violence n'avait été utilisée, n'étaient pas « cassés ». Nous avions développé un lien de confiance. Ce lien de confiance, de compréhension et de bonne volonté faisait partie de notre relation unique. Cette relation n'était pas transférable.

Étant donné que le cheval était en pension chez nous, lorsqu'un propriétaire venait passer un après-midi avec le cheval, il avait peut-être la malchance de m'avoir dans les alentours. J'étais comme une voix qui faisait des commentaires par-dessus son épaule. « Fais ça. » « Ne fais pas ça. » « Attention à ça. » « Donne-lui une seconde. » « Ne tire pas. » Etc. Les choses s'amélioraient. Cela provenait beaucoup plus de l'attitude de la personne, de sa confiance et de sa certitude que du cheval. Plus encore, au temps passé avec le cheval. Par la suite, une confiance mutuelle et un esprit de coopération s'installaient et ils commençaient à s'amuser ensemble. J'étais très fier des efforts et du succès que mes deux étudiants avaient obtenu.

L'objectif principal du propriétaire était d'être capable de monter son cheval en randonnée. Certains cours étaient de courtes randonnées dans des sentiers que le cheval connaissait déjà. Ce sentier traversait la route principale. C'est surtout un sentier de motoneige en hiver. En été, il y a beaucoup de parties couvertes de roche de surface, de gravier, de sable et de terre. Des espaces ouverts de buissons sauvages et d'herbes hautes de chaque côté de ce chemin rude qui monte et descend doucement et mène finalement à la forêt. La route principale dont j'ai parlé est importante parce qu'elle traverse cette forêt et les habitants de l'endroit ont des terres clairement séparées entre elles. Nous sommes situés dans le quart le plus bas de cette forêt, qui est immense. Elle monte vers le nord, à perte de vue. C'est une zone comportant des parties très peu peuplées et même des parties non peuplées.

Le cheval allait bien et nous étions d'accord pour découvrir une nouvelle zone ensemble comme pratique, de mon côté de la route. Nous avons commencé dans une partie où des pins formaient en quelque sorte un espace ouvert avec un toit formé de branches à travers lequel nous pouvions marcher et avons monté sur un plateau d'herbe haute et d'arbustes. J'aimais toujours le calme de l'endroit. La lumière était diffuse, la température était plus fraîche lors des chaudes journées d'été et une couche d'aiguilles de pin tapissait le sol de la forêt. Par la suite, nous rejoignions une zone claire et ouverte comportant beaucoup de pierres au sol. Dans notre région, presque toutes les zones comportent des pierres, mais celle-là plus que toute autre. Puis, des champs plats s'étendaient jusqu'à la civilisation. La superficie de la terre est de 24 acres seulement et appartient à un fermier qui m'a donné la permission d'y faire des randonnées à cheval. C'était une magnifique journée. Nous avons vu une biche et ses deux faons brouter dans le champ à côté de nous ce matin-là. Nous avions tous les deux hâte à la randonnée et y pensions avec confiance.

Nous avons sellé les chevaux et les avons sortis. Nous avons marché le long de la route qui traverse l'avant du champ, où les cerfs se trouvaient plus tôt. Malgré ma confiance envers les chevaux, je ne monte jamais sur ce chemin. Je ne fais certainement pas confiance aux gens qui passent à toute vitesse. Lorsque nous sommes arrivés dans la forêt, nous sommes montés et j'ai entendu ce que je croyais être des cerfs qui couraient dans la forêt, pas très loin à côté de nous. Je n'étais pas inquiet. Les chevaux avaient déjà régulièrement vu des cerfs. Ils s'étaient même vus face à face d'un côté à l'autre de la clôture de ce champ.

Évidemment, nous montions seulement avec une Bitless Bridle (bride sans mors) et les chevaux n'étaient pas ferrés. Je savais qu'un mors n'arrêterait pas le cheval et j'utilisais la bride sans mors pour donner des signaux très subtils. Cela avait découlé de beaucoup de travail au sol et de beaucoup de pratique. Les chevaux ont bien avancé dans une zone difficile. Lorsque nous avons pénétré dans les champs menant aux maisons, nous avons décidé de faire demi-tour. Des hommes coupaient du bois près d'une petite cabane et ils ne semblaient pas apprécier notre présence sur les terres privées. Nous avons mis pied à terre à un moment donné sur le chemin du retour pour prendre des photos avec les chevaux. L'aventure était terminée et nous nous rapprochions de nouveau de la forêt de pins.

Le sentier était étroit, pas plus large qu'un cheval, des herbes et des buissons de trois à cinq pieds de hauteur poussaient de chaque côté. Un cerf a traversé le sentier en courant, directement en avant du propriétaire et du cheval devant moi. J'ai vu la tête du cerf émerger des herbes, entendu la moitié d'un cri et après avoir cligné des yeux, j'avais fait un tour à 180 degrés au grand galop. Son cheval s'est retourné et nous a dépassés en se dirigeant dans la direction opposée à celle où nous nous rendions. En tournant, il a perdu sa cavalière. Mon cheval a réagi en suivant l'autre cheval. C'était comme de zapper à la télévision. Nous sommes passés d'une promenade calme et paisible à la campagne, à une course à plein régime où la poussière s'envolait des sabots dans une course folle pour survivre. J'ai repris mes esprits et demandé à mon cheval d'arrêter (avec les rênes), tout en disant au cheval devant nous d'arrêter (« whoa »). Il s'est arrêté. J'ai été surpris. En mettant pied à terre, j'ai pensé aux réactions négatives possibles des bûcherons à la petite cabane que nous venions juste de passer. J'ai gardé un contact visuel avec le cheval en ressentant la nécessité de son retour. Au moment où mes deux pieds étaient au sol, il était déjà en train de revenir. Extérieurement, il semblait parfaitement calme. Lui et mon cheval se sont tenus debout ensemble pendant que je suis allé chercher la propriétaire qui était tombée sans même avoir le temps de s'en rendre compte. Nous avons réussi à revenir à cheval ensemble. Les chevaux ont continué avec nous comme si rien ne s'était passé. Toutefois, beaucoup de choses s'étaient passées.

J'ai complètement compris que ce ne sont pas nos moyens de contrôle qui font un bon cheval. J'avais compris cela il y a longtemps. Mon slogan d'entreprise était « Il n'y a pas de mauvais cheval ». N'étais-je pas en train d'enseigner au cheval à accepter des moyens de contrôle? Je croyais automatiquement qu'un moyen de contrôle physique était absolument nécessaire. Ou plutôt, je n'avais jamais pensé que ce n'était peut-être pas le cas. Cela n'était pas tellement différent de l'époque où je croyais qu'un mors était nécessaire. L'équipement que j'utilisais était légèrement différent, mais la façon de l'utiliser n'avait pas changé. Ce jour-là, j'ai compris que ce n'est pas ce qui se trouve sur la tête du cheval qui compte, mais ce qu'il y a à l'intérieur. Et plus encore, la compréhension et la confiance du cheval envers nous parce que nous prenons le temps de les aider à comprendre, au lieu de les faire simplement réagir à une pression physique, locale ou de contrainte. Cela n'était pas nouveau pour moi non plus. Dans ce livre, je souligne certains des chevaux qui m'ont montré cela. J'avais eu des expériences m'en donnant des aperçus par-ci par-là, mais c'était la première fois que tous les éléments se rassemblaient comme ce fut le cas ce jour-là. En quelques secondes, j'ai été finalement libéré de la pensée linéaire. J'avais considéré la bride sans mors comme le meilleur moyen physique pour contrôler un cheval et comme la bride la plus douce, mais cette idée s'est effondrée ce jour-là. Même si le Haflinger était effrayé et paniqué, il m'a écouté et s'est arrêté quand je le lui ai demandé. Le potentiel du cheval m'est finalement apparu. Ce cheval était à environ cent pieds, ou trente mètres, devant moi, sans cavalier, et lorsque je lui ai dit que tout allait bien, il m'a cru et est revenu. C'était une connexion plus forte que les cordes et les brides.

Toutefois, j'étais traumatisé par tout cela. Mes préoccupations immédiates principales concernaient les blessures physiques et émotionnelles de mon étudiante.

Toutefois, si elle n'était pas tombée, je me demande si la suite des événements aurait été la même. Combien de temps supplémentaire aurait été nécessaire pour que tous mes petits idéaux se rassemblent pour créer une perspective totalement nouvelle? J'avançais plus en profondeur sur le chemin, mais c'était un chemin totalement inchangé. Toutefois, comme par le passé, les chevaux m'ont montré quelque chose qui a résonné dans mon âme. Je n'aurais pas pu m'asseoir ce jour-là et écrire ces révélations. Je les ressentais, mais ne pouvais pas vraiment les intellectualiser et les exprimer. J'analysais encore trop ce que je pensais avoir appris sur les chevaux. Une accumulation de beaucoup de petites expériences avec différents chevaux me donnait des indices me portant à croire qu'il y avait autre chose. Même dans ma façon de faire les choses avec les chevaux, je n'avais pas vu la simplicité qu'ils présentaient si souvent devant moi. Toutefois, simplement appeler le jeune cheval et voir sa réaction a regroupé toutes les pensées et expériences de mon subconscient. Peut-être que j'étais dans le déni parce que cela aurait un impact énorme sur ma carrière. Je me sentais perdu et hébété parce que cet événement avait mis ma perception des chevaux en apparence parfaite sens dessus dessous. Je souhaitais que tous les chevaux de mon passé qui m'avaient donné ces indices puissent me voir en ce moment.

C'est un des sujets que je trouve difficiles à décrire. En surface, la plupart des gens ne verraient rien d'extraordinaire dans cet événement. Tout est bien qui finit bien. Il s'agirait simplement de se remettre en selle et de continuer. Comme pour la monte sans mors, la plupart des gens diraient que c'est possible avec un cheval en particulier parce que c'est un bon cheval ou parce qu'il a le tempérament pour cela. Un tel commentaire justifie seulement le nombre de « bons » chevaux qui existent.

Seule la perspective du temps me permet de voir la confiance qu'avait la cavalière envers le cheval pour être capable de se remettre en selle après une telle chute. Si elle était nerveuse, cela n'a pas paru. J'aurais compris si elle avait voulu revenir à pied. Les écoles d'équitation et les gens qui font des randonnées disent souvent qu'il est impératif de remonter tout de suite après une chute. Ce point de vue est appliqué, sans tenir compte de l'état du cheval ou de la peur de la personne. Cela aussi peut aider un humain à comprendre comment un cheval se sent parfois, comme s'il n'avait pas le choix, qu'on le forçait à faire quelque chose malgré ses peurs ou ses protestations, sans respect pour ses sentiments ou ses pensées. Cela est démoralisant et cause de la souffrance. Il faut aussi être réaliste. Ce jeune cheval inexpérimenté, hors de son environnement habituel et sécuritaire, a soudainement été surpris. Qu'est-ce qui s'est produit en premier? Est-ce que le cheval s'est retourné parce qu'il a été surpris par le cerf et sa réaction a fait crier la femme? Est-ce que la femme a crié parce qu'elle a été surprise par le cerf, ce qui a entraîné la fuite du cheval?

Certains diraient que, pour que le cheval ne réagisse ni au cri, ni au cerf, il faudrait reconditionner sa réaction : altérer complètement son instinct naturel, son propre mécanisme de sûreté. Le dresser à s'immobiliser au lieu de fuir lorsqu'un événement effrayant se produit. Cette idée semble convenir pour répondre à nos besoins; cependant, que pensez-vous que le cheval devra vivre pour se rapprocher de cette réaction? Je trouverais cela anormal, et même moi, un humain supposément supérieur, je peux dire que si ma femme venait silencieusement derrière moi et mettait sa main sur mon épaule pendant que j'écris ceci, même si je sais pertinemment qu'elle est à la maison, sauterais probablement d'un pied dans les airs au-dessus de ma chaise. Ce n'est pas une question d'entraînement.

Même s'ils n'ont pas été instantanés, des changements ont découlé des résultats de cette journée. J'ai arrêté de donner des cours d'équitation au public à la grande écurie. J'ai gardé seulement quelques étudiants que j'avais déjà pour des cours privés chez moi avec mes propres chevaux. Lorsque le forfait de cours s'est terminé, je n'ai pas permis le renouvellement. Dans de rares cas, j'acceptais tout de même de dresser un cheval chez moi, parce que c'est ce que j'aimais le plus faire. Toutefois, j'ai découvert qu'en faisant cela, je continuais ma carrière, offrant au public un service en lequel je ne croyais plus. Il n'a fallu que quelques mois pour que je ferme définitivement les portes de mon entreprise.

La croisée des chemins

Waskeskun est un mot en Cree désignant la dispersion des nuages après une tempête et le moment où le soleil et le ciel bleu apparaissent. Être debout dehors la nuit, ressentir et respirer l'air, entendre les sons de la nature et voir le ciel parsemé d'étoiles, le sol brillant parce qu'il reflète la lumière de la lune ouvre une porte dans mon esprit. Je ressens la même chose lors d'un lever de soleil tranquille. La vie autour de nous ne change pas beaucoup, mais notre perception change. Parfois, elle peut changer drastiquement d'un jour à l'autre.

En relisant mes vieilles notes, il est intéressant de voir ce que j'ai écrit, ce que je pensais, comment je me sentais il y a des années, ou même il n'y a pas si longtemps. Parfois, on dirait que je suis à un monde de distance, que ce qui est écrit ne vient même pas de moi. Cela peut être une redécouverte de soi. Constater par où nous sommes passés nous aide à en savoir plus sur l'endroit où nous sommes arrivés.

Nous avons tous besoin d'être entendus et compris par ceux qui nous entourent. Pourtant, cela ne provient-il pas de l'ego? D'une certaine façon, parfois, ce que nous percevons comme un obstacle nous permet indirectement de dévoiler une meilleure partie de nous-mêmes. Toutefois, il est courant de faire de grosses erreurs pendant notre cheminement.

Certaines des meilleures pensées que j'ai déposées sur papier provenaient d'une frustration intérieure en réaction de mots lancés sans réflexion par autrui. Au moins, ma paix intérieure me permet de revenir à ma propre perspective et j'ai généralement réussi à la partager. Au lieu d'une contre-attaque, elle dédramatise et déplace complètement le dialogue, les sentiments et les pensées. Un déplacement qui, je crois, contourne l'ego et permet une évaluation honnête. Un déplacement vers la compassion, la compréhension et la beauté, auxquelles, selon moi, le cœur humain est très sensible.

Je me demande encore si je comprends vraiment quelque chose. Mes interprétations sont seulement ce que mon esprit humain peut comprendre au sujet du monde. Ce que j'ai surtout découvert à propos de moi-même, et ce par quoi je vis vraiment, n'est pas la norme selon laquelle nous avons tous été élevés. Ce n'est pas la pensée du cerveau gauche que nous avons apprise à l'école et utilisons lors des difficultés générales auxquelles nous devons faire face dans notre vie quotidienne.

Les deux moitiés du cerveau sont distinctes et reliées entre elles seulement par un réseau de nerfs appelé le corps calleux (corpus collosum). Ce fait n'a rien à voir ni avec les interprétations existantes au sujet de la perception du cheval, ni à propos de l'interprétation de la personnalité des chevaux.

Le lauréat du prix Nobel en 1981, Roger Sperry[1], au cours de ses études pour mieux comprendre comment chaque hémisphère fonctionne, a conçu une carte décrivant comment chaque côté interprétait le monde. Le côté gauche du cerveau contrôle l'œil droit et le côté droit du corps, et le côté droit du cerveau contrôle le côté gauche du corps. Des études sur la procédure médicale pour contrôler les crises d'épilepsie, en coupant le lien entre les deux hémisphères, ou corps calleux, ont permis l'approfondissement de la compréhension des fonctions de chaque côté du cerveau. Après une telle coupure, les deux côtés fonctionnaient, mais ne pouvaient pas partager de l'information souvent cruciale dans notre existence quotidienne. Par exemple, lorsque la partie logique du cerveau, à gauche, regardait l'image d'un cheval, elle pouvait lire ou écrire le mot « cheval », mais ne pouvait pas décrire ce qu'était un cheval. Le côté droit pouvait expliquer ce à quoi le cheval servait ou ce qu'il faisait, mais ne pouvait pas le nommer... si déjà il arrivait à percevoir l'image. Le côté droit comprend et produit des images, des symboles, des sentiments, de façon non verbale. Sperry croit que le côté droit ou côté créatif du cerveau est grandement réprimé dans le système d'éducation et dans la société. La plupart des enfants sont hautement créatifs, mais après leur entrée à l'école, seuls dix pour cent le sont toujours à l'âge de sept ans. Seulement deux pour cent conservent ce type de grande créativité jusqu'à l'âge adulte.

L'entière expression du cerveau droit est subséquemment reléguée à une libération seulement pendant des séances de méditation ou des rêves. C'est particulièrement relié à la capacité de ressentir. Je peux donner un exemple qui, je crois, a été vécu par la plupart des adultes. Un rêve peut sembler réel, même s'il est bizarre, mais l'imagerie et les sentiments créent une compréhension parfaite. Tout est logique. Lors du réveil, nous nous rappelons le rêve et essayons d'en analyser la grande révélation, mais le cerveau gauche domine rapidement la situation une fois de plus et rien n'a plus de sens. Le rêve n'est plus compris et les vrais sentiments ou messages, peu importe la beauté du rêve, deviennent seulement un souvenir détaché. La logique a gagné.

C'est peut-être pourquoi je sens qu'il peut être difficile d'expliquer ce que j'ai compris personnellement lors de mon expérience avec les chevaux, la raison pour laquelle je prenais des décisions ou comprenais des choses, mais ne pouvais pas rationnellement donner d'explication. La vie quotidienne peut être légèrement facilitée par ce ressenti, mais je trouve que c'est encore plus satisfaisant, profond et clair lorsque je suis seul avec les chevaux. L'idée serait plus facilement représentée, visuellement, par la peinture. Un artiste exceptionnel serait capable d'évoquer un message clair sans recourir à des mots. Les gens voyant la toile pourraient ressentir clairement le message, sans être capable de mettre des mots sur ce qu'ils ressentent. La même chose peut être exprimée par ce que la musique inspire. Parfois, nous devons apprendre à permettre à ces sentiments de nous guider sans explication rationnelle. Comment nous le gérons individuel-lement peut grandement influencer la façon dont le reste de la société nous perçoit. Je ne peux pas énoncer totalement qu'il est plus facile de détester que d'aimer, mais la haine semble tellement plus répandue. Je voudrais changer beaucoup de choses dans le monde. Je crois qu'une ancienne connaissance a été perdue et que nous la redécouvrons lentement par nous-mêmes. Elle semble être l'ombre d'un souvenir en nous, une soif grandissante pour une existence plus harmonieuse au sein du monde.

Après toutes les expériences et les illuminations que les chevaux m'ont permis de vivre, qui m'ont aidées à changer mes propres croyances et idées fixes, et dont le point culminant a été l'expérience avec le Haflinger, j'ai eu la chance de découvrir que je n'étais pas le seul à avoir ces pensées. Même si je savais que ce que j'avais appris devait avoir déjà existé quelque part, aucune norme établie n'était disponible. Malgré toutes les études que j'ai trouvées en faisant des recherches, les résultats ne modifiaient généralement pas la façon dont les gens utilisaient les chevaux. Bien sûr, nous savons que de nouvelles méthodes de dressage apparaissent, mais en fin de compte, on s'attend à ce que les chevaux continuent à faire exactement la même chose.

À ce moment-là, j'avais déjà réduit mes cours à quelques étudiants choisis, qui comprenaient facilement et étaient très heureux de travailler avec mes principes de plus en plus précis. Toutefois, ces cours étaient donnés surtout avec mes propres chevaux et je pouvais voir que, certains jours, les chevaux ne voulaient vraiment pas prendre part aux cours. Il était intéressant de voir ce qui se passait quand l'étudiant arrivait; soit les chevaux venaient vers la clôture, soit ils couraient jusqu'au côté opposé du champ. Un cheval pouvait être volontaire au début d'un cours, mais montrer qu'il en avait assez vers la fin du cours. Utiliser la bride sans mors du Dr Cook était bien, mais je savais que les chevaux étaient quand même parfois forcés de suivre une voie désirée. C'était un moyen de contrôle moins dommageable, mais c'était tout de même un moyen de contrôle imposé. Après que les chevaux m'aient montré un côté d'eux que je considère très personnel, j'étais prêt à faire autre chose que simplement monter les chevaux pour suivre la tradition. Comme je l'ai mentionné plus haut, j'ai finalement fermé cette partie de mon entreprise, mais pas avant de découvrir ce qui allait devenir un point très controversé dans le monde équestre.

Pourquoi était-ce si controversé? Parce que cela ne préconisait pas seulement la non-violence et le respect du cheval, mais tenait aussi compte des découvertes scientifiques relatives au bien-être du cheval. Ce que j'ai découvert révélait les réponses physiologiques négatives des chevaux affectant la santé générale et causant des dommages neurologiques et myologiques (musculaires) et des conséquences qui s'accumulaient lors de l'utilisation standard du cheval, par le dressage et l'équipement habituels. Cela mettait de côté toutes les normes standard de contrôle de l'humain sur le cheval. Cela signifiait d'éduquer un cheval sans avoir recours aux punitions, aux contraintes physiques, à la douleur ou à la peur de la douleur. Pas de force, de bride, de mors, d'éperons, et, pour tenir compte du bien-être du cheval, pas de fers. Pour la plupart des personnes ne montant pas à cheval, cela est tout à fait logique. Pour les propriétaires de chevaux, cela semblait être un rêve devenu réalité. Pour le monde équestre standard, c'était littéralement incroyable.

L'expérience de la NHE

C'est par le Dr Cook que j'ai connu une chercheuse collaborative nommée Lydia Nevzorova. Elle avait écrit des articles pour des magazines équestres en Russie, était une photographe accomplie et utilisait la thermographie pour illustrer les dommages causés par un mauvais ajustement de la selle et par la monte, ainsi que pour sensibiliser les gens. Elle avait créé un site Web présentant son travail et celui de son mari, Alexander Nevzorov. Il était passionné par l'ancienne Haute École et était déterminé à trouver une façon de travailler avec un cheval qui rejetait absolument tout type d'équipement. La Haute École est rare dans le monde actuel. Une des écoles existantes les plus célèbres est l'École d'équitation espagnole de Vienne. La plupart des mouvements effectués par les chevaux ressemblent à ce qu'ils font en liberté instinctivement quand ils jouent, se font la cour ou se battent. C'est une façon de travailler avec les chevaux pour qu'ils soient exceptionnellement en forme, physiquement et mentalement.

À l'époque, Alexander n'était pas très intéressé par le côté scientifique des choses. Lydia était celle qui étudiait en Angleterre pour en savoir plus sur l'hippologie. Il rejetait tout ce qu'il avait appris auparavant sur le travail avec les chevaux.

Comme Alexander le dit, c'était le cheval qui l'intéressait : le cheval en tant qu'être sensible, très intellectuel, spirituel et capable de souffrir, et qui était si humilié par les humains. Il a appris à comprendre que ce qui importait n'était pas son talent, mais son approche et le sentiment de ne plus être en train de se cacher des chevaux. L'amour et un respect infini étaient les plus grands instruments entre tous.

Lorsque cette information a commencé à être disponible à l'extérieur de la Russie, la comprendre complètement et même l'exprimer était tout un défi. L'approche n'était pas coulée dans le béton; c'était une révélation continue de ce qui était possible avec les chevaux, selon ce qui avait été appris jusqu'à ce point. En Occident, les gens sont habitués de recevoir des petits kits complets par le biais d'un système de marketing montrant comment commencer et comment tirer profit du programme en le suivant jusqu'à la fin. Toutefois, la nouvelle approche dont je vous parle était différente. Il s'agissait d'une philosophie souvent incomprise provenant de Saint-Pétersbourg. Pour moi, le moment était parfait. J'avais entendu parler de la Nevzorov Haute Ecole (NHE)[1]. Un forum en ligne, en russe, existait déjà et en participant au lancement du forum international en anglais, j'ai appris la différence monumentale entre une simple traduction et une interprétation subtile.

J'ai rapidement vu par le biais du forum que les Russes acceptaient mieux ces nouvelles idées et les apprenaient plus rapidement. Dans le forum en anglais, beaucoup n'étaient tout simplement pas capables de sortir de l'état d'esprit des manières traditionnelles ou d'autres méthodes auxquelles ils restaient attachés. Le plus haut taux de succès du côté russe pourrait être expliqué par le fait que peu de techniques de dressage étaient disponibles là-bas. Même les règles de la Fédération équestre russe concernant la compétition ou la manière de traiter les chevaux sont épouvantables. La méthode générale en place était le dressage traditionnel, qui était très sévère, et parfois même excessif. Par exemple, fouetter un cheval au point de le faire saigner pendant le dressage ou les compétitions était considéré comme normal. Même en Occident, il y a encore des gens qui donnent une leçon à leur cheval derrière l'écurie. En Russie, les gens acceptent généralement qu'un cheval ayant mal performé pendant une compétition soit attaché et frappé avec des chaînes par un groupe d'hommes.

En Russie, peu d'informations étaient disponibles sur les chevaux et le dressage, alors que l'Occident était exposé à une surabondance; par conséquent, beaucoup de Russes souhaitaient ou cherchaient une meilleure façon de faire. Ces personnes n'analysaient pas et ne comparaient pas différentes techniques, si abondantes chez nous. Leurs pensées n'étaient pas obscurcies par différentes méthodes, perceptions ou interprétations du passé. Beaucoup, en particulier la nouvelle génération, étaient dégoûtés par la façon dont les chevaux étaient traités partout autour d'eux et ils ont adopté la NHE.

En me basant sur mon expérience avec les chevaux et ce que j'avais appris avec Lydia et Alexander, j'utilisais souvent la phrase : « Oubliez tout ce que vous avez appris » pour aider les gens à comprendre la NHE. Tellement de temps et d'énergie ont été dépensés, pas pour aider directement les gens à progresser dans la NHE, mais pour essayer de réduire le barrage d'arguments allant à l'encontre de l'approche.

Beaucoup de gens avaient des doutes ou étaient frustrés en essayant de comprendre ce que nous révélions. Consulter de l'information est une chose, mais y penser et même essayer de l'expérimenter est ce qui compte vraiment. J'ai souvent moi-même répété que « les enseignants pointent la voie, mais seulement vous pouvez trouver l'endroit. » Eh bien, cela ne prend tout son sens qu'une fois que la personne l'a vécu. Néanmoins, chaque jour, au moins une personne comprenait ou apprenait quelque chose d'important. Parfois, ils étaient abasourdis parce que cela mettait leur monde sens dessus dessous. Après des lectures sur le forum ou dans mon livre, lorsque la personne comprend rationnellement quelque chose, c'est en général un cheval qui vient prouver ce qu'elle a lu.

Le cheval, au cours de l'histoire, a facilité notre survie et nous a servi pour faire la guerre; les gens n'avaient ni le temps, ni le désir de construire une bonne relation avec le cheval. Toutefois, on trouve beaucoup de mentions dans l'histoire de gens qui ont constaté et compris que c'était possible et l'ont fait. Selon ce point de vue, la NHE n'est pas une nouveauté. Toutefois, la différence pourrait découler de la philosophie expliquant l'application d'exercices de haute école, sans utiliser la force.

D'un côté, l'idée était si simple. Tellement de gens dans le monde ne suivent aucune méthode de dressage en particulier et n'ont jamais entendu parler de la NHE. Ils suivent une sorte de philosophie qui y est parallèle ou semblable. Cela leur donne une relation unique avec leur cheval, sans qu'ils aient entendu parler de la NHE. D'un autre côté, beaucoup de disputes ont eu lieu concernant la nature d'une vraie relation. Beaucoup ont été insultés ou profondément blessés parce que notre version d'une bonne relation comprenait ce qui était bon pour le cheval, pas juste pour l'humain, comme mentionné plus haut dans le chapitre *Communiquer comme un cheval.*

Il y a certainement des différences culturelles entre toutes les sociétés, mais lorsqu'il s'agit de la relation humain/cheval, il semble que les gens, partout dans le monde, partagent une recherche fondamentale de connexion avec le cheval. Cependant, au sujet du cheval, un problème récurrent de cette recherche est que « les arbres nous empêchent de voir la forêt ».

Les gens faisaient des erreurs au début, car ils essayaient de se fier à des méthodes de dressage. Il a fallu peu de temps pour qu'ils comprennent qu'une fois que nous avions mis de côté les notions en place, ou le besoin de faire comprendre aux autres ce que nous faisions, toutes les méthodes de dressage existantes impliquaient l'usage de la force ou la manipulation du cheval. Cela allait évidemment à l'encontre de ce que nous avions appris et de la philosophie de la NHE. Toutefois, la plupart des gens comprenaient que nous n'étions pas tombés du ciel avec cette nouvelle sagesse. Nous aussi avions suivi une voie similaire avec les chevaux et avions dû surmonter beaucoup des mêmes erreurs, croyances et habitudes et continuer à avancer en fonction de ce qui était important pour nous.

Les photos de Lydia présentent les chevaux en action avec Alexander étaient si belles et frappantes que la NHE s'est rapidement répandue. Ce qui m'a surpris n'est pas le nombre de personnes qui croyaient que c'était impossible, mais ceux qui ont dépensé des quantités énormes d'énergie pour essayer de discréditer l'école. Malheureusement, beaucoup n'ont pas vu l'étendue de ce qui se trouvait derrière Alexander. Il n'essayait pas de faire de l'autopromotion comme dresseur ou comme la seule personne à obtenir des résultats. Il y avait beaucoup d'histoires de succès en Russie, j'avais aussi obtenu des résultats, ainsi que mes étudiants. La NHE est différente, et ses écoles aussi. Elles ne sont pas ouvertes au public – dans le sens où quelqu'un peut s'y rendre et y inscrire ses enfants – comme dans les centres équestres, par exemple. En fait, la vraie école se trouve en ligne, à partir du site Web de la NHE. C'est surtout une source d'information, de partage d'idées et d'expériences, et de réseautage.

J'ai refusé 90 % des demandes de cours. Il s'agit vraiment d'un mode de vie avec les chevaux, qui n'a rien à voir avec le dressage. L'origine du problème est la vieille mentalité qu'on nous a enseignée toute notre vie. Essayez d'expliquer cette nouvelle voie à une personne qui a passé une grande partie de sa vie à apprendre des méthodes traditionnelles, mais a aussi dépensé des milliers de dollars pour des entraîneurs et des cours d'équitation. C'est la façon de voir le cheval et d'interagir avec lui qui fait toute la différence du monde. J'ai reçu beaucoup de demandes pour des cliniques, et là encore, surtout au début, la plupart des gens s'attendaient à ce qu'un cheval soit placé dans un manège et que les spectateurs regardent les résultats obtenus après quelques heures de travail forcé au sol. C'est ce à quoi les gens sont habitués. Ce n'est pas ce que je fais.

Je crois que j'ai été un intermédiaire important entre ce qui venait de la Russie et le reste du monde. Alexander est très engagé envers ce qu'il a vécu et appris au sujet des chevaux. Intentionnellement ou non, sa façon de présenter les faits était aussi très controversée. Dire que beaucoup de gens en Occident l'ont trouvé arrogant ou insultant serait un euphémisme. À un certain moment, j'ai eu une discussion avec un éditeur intéressé par *The Horse Crucified and Risen*[2], mais il a trouvé le livre trop direct, ou dur, et il m'a suggéré de le réécrire au complet avec lui pour modérer le message. Je connaissais assez Alexander à ce moment-là pour savoir qu'il n'accepterait jamais le compromis. En présentant ses découvertes, il voulait que les gens réfléchissent et s'élèvent au-dessus de l'ignorance bienheureuse.

Les gens à l'extérieur de la Russie l'ont mal interprété et l'ont vu comme un nouveau joueur dans le monde du dressage des chevaux, comme quelqu'un qui présentait une nouvelle technique. Les gens s'attendaient à avoir accès à des vidéos de dressage, mais ils obtenaient des documentaires créatifs et élaborés. Était-il évasif? Essayait-il de garder ses secrets? Était-il un charlatan? Beaucoup de gens ne comprennent toujours pas comment la NHE, telle qu'elle est connue aujourd'hui, a été instaurée.

Alexander était un reporter de nouvelles télévisées et un animateur d'émissions-débats. Il poursuit cette carrière principale au sein des médias par la production de films. Son approche avec les chevaux est devenue une bonne idée à présenter dans le studio. Deux de ses multiples passions pouvaient être combinées en une seule. Il n'a jamais voulu être vu comme un dresseur de chevaux par le public. Son approche dans les médias est très directe et il a une connaissance professionnelle de la façon de créer de la controverse. C'est excellent pour les cotes d'écoute en Russie, mais c'est souvent mal perçu ailleurs dans le monde. Toutefois, les communications personnelles avec lui sont très différentes. Alexander est un leader concentré, qui agit avec profondeur, cœur et respect pour les autres.

Ce qu'il a présenté sur les chevaux était si différent, a créé tellement d'admiration et d'agitation auprès du public après le lancement de son premier film conçu pour la télévision que Lydia a décidé de créer un site Web et un forum pour gérer les innombrables réactions, commentaires et questions. La création du forum en ligne a donné une vie propre à la NHE parce que le public international la concevait automatiquement comme une nouvelle façon d'appliquer une méthode de dressage. Alexander n'a jamais voulu apparaître de cette façon aux yeux du public. Lydia voulait aider les gens à comprendre la souffrance des chevaux en mettant en évidence des faits et en encourageant les gens à ouvrir les yeux sur ce qui se trouvait vraiment autour d'eux. Comme activiste, elle a créé la « Horse Revolution » (Révolution équestre) pour aider à modifier les règles, lois et normes concernant les chevaux en Russie. C'était le but initial et principal de leur message.

Alexander s'est de plus en plus impliqué dans le monde virtuel de la NHE et a commencé à présenter plus souvent sa vision personnelle, et beaucoup de gens étaient suspendus à ses paroles. Le problème était que la langue russe, très riche, était parfois traduite en anglais très basique et comportait souvent de grosses erreurs. Un autre problème occasionnel était que beaucoup de gens voyaient la NHE comme la nouvelle norme idéale pour le mode de vie des chevaux en Russie. Les situations et les règles de cette école concernant la façon de s'occuper des chevaux en Russie n'étaient pas toujours applicables aux autres pays et étaient même parfois impossibles à appliquer à cause des lois en place dans différents pays. Lydia en apprenait de plus en plus au sujet du parage naturel et du mode de vie sans fers pour les chevaux. Ils n'avaient rien créé de nouveau, mais j'enviais l'environnement qu'ils avaient créé pour leurs chevaux. Toutefois, les articles ou déclarations publiés par Alexander concernant différents sujets en même temps causaient parfois de la confusion. Cela était dû à son intérêt pour l'histoire des anciennes méthodes de soins aux chevaux, entrant en conflit avec son message parce que les gens croyaient que ces méthodes étaient les siennes. Ceux qui attendaient encore de comprendre ou comprenaient mal sa méthode étaient tout aussi confus par les nouvelles informations générales tout en oubliant la révélation initiale.

Ce que le site Web de la NHE et les articles que j'ai publiés présentaient a créé un très grand engouement. Toutefois, au cours des premières années, je ne pensais pas qu'il était possible qu'un groupe de personnes puisse se rencontrer localement hors de la Russie pour discuter de sujets ou d'idéaux reliés à la NHE. L'endroit où les gens pouvaient se rencontrer était sur le forum, et il était rempli de gens de partout dans le monde. Au déplaisir de beaucoup, ce qui faisait une différence cruciale sur ce forum et d'autres était que les gens pouvaient s'inscrire seulement s'ils soutenaient déjà les idéaux. Ce n'était pas un forum ouvert concernant différentes méthodes de dressage. Nous avions déjà fait l'erreur de mentionner d'autres techniques comme étant des façons rapides de faire gagner du temps à un cheval. Les gens qui se joignaient à nous devaient déjà avoir passé par ces phases ou expériences et réalisations. À cause de l'intolérance envers ceux qui enfreignent les règles, ou à la suite de l'impact de ces gestes sur les croyances communes, standard, acceptées et universelles au sujet de l'utilisation du cheval, le cavalier moyen ne restait pas longtemps sur le forum s'il voulait seulement raconter sa randonnée de la fin de semaine.

La passion pour le cheval peut aller très loin. Il y avait sans doute de sérieux opposants à la NHE, ainsi que des groupes de gens très passionnés, considérés par certains comme des fanatiques, qui l'appuyaient. Fait intéressant, les perceptions initiales au sujet du rôle des autres s'inversaient parfois. Par moments, les membres du réseau virtuel percevaient un comportement humain typique comme étant catastrophique pour la cause. Bien sûr, c'était possible. Les gens voulaient appartenir à quelque chose d'important, de différent, comportant des valeurs fortes et ne se prosternaient pas devant le mercantilisme. Si une rumeur courait selon laquelle une personne faisant partie de l'équipe de la NHE faisait une chose ayant des chances d'aller à l'encontre du bien-être du cheval, ou de la philosophie soutenant la NHE, certains membres étaient dévastés et quittaient parce qu'ils se sentaient trahis. Des gens de l'extérieur venus pour enquêter secrètement sur ce forum controversé lisaient l'information et devenaient de vrais membres du forum ou, du moins, savaient que ce n'était pas pour eux, mais changeaient des aspects appris dans le passé pour améliorer la vie de leur cheval.

Mis à par le fait que le message de la NHE n'était pas totalement compris, ou souvent mal interprété, beaucoup de gens voulant en faire partie n'étaient pas complètement honnêtes. Ce n'était pas vraiment une surprise pour moi, mais j'essayais de me concentrer sur le forum dans son ensemble. Pour moi, la mission et la vision de Lydia étaient plus importantes que des incidents ou des circonstances isolés. C'est facile à dire, mais ce n'était pas facile pour moi ni pour les autres de nous occuper personnellement du grand nombre de gens qui ont été blessés émotionnellement, insultés ou se sont sentis rejetés. Ce n'était pas facile d'être témoin de ces merveilleux idéaux et accomplissements avec des chevaux dans une atmosphère d'attaques personnelles et de rejet. C'était drainant pour tout le monde, y compris pour moi. Toutefois, il est intéressant de noter que la grande majorité des gens qui admettaient ne pas être capables de cesser l'utilisation régulière du cheval ou la compétition admiraient tout de même Alexander et Lydia. Les gens qui choisissaient de ne pas adhérer à la philosophie demeuraient impressionnés par ce qu'ils étaient capables de faire avec les chevaux. Maintenir le pont entre deux mondes ou même fonctionner dans ces deux mondes était un défi constant. Ce qu'Alexander et Lydia accomplissent avec les chevaux est très réel et ils continuent de défendre ardemment le bien-être du cheval.

Étant donné que je présente la NHE ici comme faisant partie de mon expérience personnelle, je sens que je devrais donner plus d'explications à son sujet. Voici un article que j'ai écrit pour le Natural Horse Magazine[3], Volume 10, 2e édition en mars 2008. L'article a été publié après la plupart de mes articles principaux expliquant la NHE, mais j'ai continué en créant une série d'articles écrits sous forme de questions et de réponses. Cette question provenait de quelqu'un qui recherchait l'harmonie avec son cheval après avoir étudié d'autres méthodes et voulait vraiment savoir comment l'atteindre. L'article touche certains points déjà abordés dans le livre et répète ce que j'ai peut-être déjà mentionné dans mes autres articles ou questions et réponses. Toutefois, je laisse l'article en entier pour donner une perspective générale de la NHE. De plus, expliquer la même pensée d'une manière légèrement différente aide différentes personnes à la comprendre clairement.

***

Harmonie

Il est merveilleux de vouloir travailler en harmonie et en paix avec les chevaux. Toutefois, le plus difficile peut provenir de ce que nous voulons faire avec eux.

Si je demande : « Les chevaux ont-ils été créés pour être montés? », plus de 99 % des gens répondent non. Cependant, si nous examinons le monde équestre autour de nous, non seulement les vrais chevaux, mais aussi les jouets, les chevaux en peluche équipés de mors et de rênes, les chevaux peints sur des toiles, présentés dans les livres, les films et à la télévision, montrent qu'en vérité, les gens pensent « à quoi d'autre serviraient les chevaux? ».

Si vous avez étudié d'autres méthodes, vous savez bien que ce que vous lisez dans un livre, ou ce que certains entraîneurs disent par rapport à ce qu'ils font réellement peut être tout un contraste.

Cela n'est pas nécessairement une question de

distinction entre ceux qui ont raison et ceux qui ont tort, ou entre le bien et le mal. Le cheval n'est plus nécessaire, ou très utile, à la survie des humains comme par les siècles passés. Les choses ont changé. Pourtant, le cheval est souvent perçu comme un animal soumis qui existe pour nous servir ou comme objet de divertissement. Je suis d'accord pour dire que beaucoup de gens suivent simplement la norme et, lors de leur apprentissage, prennent tout au pied de la lettre. Les méthodes actuelles fonctionnent certainement.

Je veux revenir sur l'idée que les gens voient le cheval comme un animal soumis. La NHE se débarrasse de cette idée. Nous sommes sur un même pied d'égalité. Nous sommes deux « créatures » devant apprendre à communiquer. Déjà, cela pourrait représenter un gros problème pour beaucoup de gens.

Ce qui est aussi important pour la NHE est ce qui dépasse cette idée... ou devrais-je dire, ce qui la précède? La santé du cheval est capitale. Le mode de vie et les conditions de vie jouent un rôle très important.

Oui, je monte mes chevaux, mais dans un contexte différent de la plupart des gens de nos jours. Je cherche toujours à renforcer la force physique du cheval. La devise de l'école est : « Le cheval a toujours raison. » On peut considérer que la NHE est un programme personnel de mise en forme pour les chevaux domestiques. Personnel, car la relation, la compréhension et la communication subtile établies entre soi et le cheval pour former un lien de confiance ne sont pas transférables. En d'autres mots, on ne peut pas « dresser » un cheval avec la mentalité de la NHE et s'attendre à ce que le cheval réagisse avec une autre personne de la même façon qu'avec nous. Ceux qui veulent bâtir une relation devraient prendre cette relation telle qu'elle est, et pas parce que c'est une étape qui mène à la monte d'un cheval docile. Voyez-vous la différence?

En termes généraux, cela signifie que si un cheval refuse de faire quelque chose, il a une bonne raison. La plupart du temps, on dit que ces chevaux sont paresseux, têtus ou stupides. En réalité, le cheval refuse généralement, mais pas toujours, de faire quelque chose parce qu'il ressent un inconfort physique. Avec d'autres méthodes, le cheval peut être forcé de continuer à faire ce qu'on veut qu'il fasse, mais la plupart du temps, les gens ne connaissent pas les conséquences néfastes sur le cheval. Il est triste que ce qui est considéré comme normal aujourd'hui, en termes de problèmes de santé communs, peut et doit être évité.

Dans le meilleur des cas, avec un cheval en parfaite santé, beaucoup de temps peut être nécessaire pour rassembler la compréhension, la pratique, la force et la fluidité en un seul mouvement. Un bon pas espagnol pouvait demander deux années d'apprentissage. Lorsque des cavaliers de dressage me demandent comment faire un piaffer, je leur suggère plutôt de consulter un bon entraîneur classique. Lorsqu'on me demande comment faire pour qu'un cheval se couche sur demande, je suggère le dressage de fantaisie. La NHE n'est pas une « méthode » où une personne peut puiser un ou deux trucs. C'est une façon de vivre, d'être. C'est le résultat de ce que beaucoup de gens, partout dans le monde, ont exprimé comme étant la façon d'être qu'ils veulent avec leur cheval. Je pense que c'est merveilleux et je suis assez surpris de cet apparent changement de conscience ou de comportement et de l'augmentation du changement de pensée par rapport au cheval selon le type de demandes que je reçois de partout dans le monde. Néanmoins, il est toujours très difficile pour les gens de changer leurs façons de faire ou de briser leurs vieilles habitudes, même lorsqu'ils s'engagent dans la NHE. À moins qu'ils vivent une expérience majeure avec un cheval ou voient de leurs propres yeux une grande tragédie, en plus d'une accumulation de petits reniements de soi, où tout ce que nous avons appris au sujet des chevaux s'élimine instantanément de notre cerveau. De plus, lorsque nous parlons de l'harmonie ou de l'amitié avec les chevaux, beaucoup aimeraient avoir le beurre et l'argent du beurre. Comme vous le mentionnez, en ce moment, le cheval est correct pourvu qu'il vous suive et suive vos idées. Sinon, il peut avoir des problèmes, non? Un cheval qui n'a comme seul choix que d'obéir peut être en harmonie et en paix à vos yeux, mais est-il vraiment en harmonie et en paix? Les mots harmonie, amitié et motivation sont utilisés ici selon un sens très différent de ce à quoi nous sommes habitués.

Beaucoup de gens pensent que la NHE cache des secrets. Initialement, j'ai beaucoup hésité à me déplacer pour répondre à des demandes de leçons. Je pensais que le site Web serait suffisant. La NHE est si simple, pourquoi aurais-je besoin de rencontrer les gens et leurs chevaux en personne? Toutefois, apprendre en se basant sur une page ouverte à l'écran d'un ordinateur est très différent d'être dans le champ avec des chevaux, ou de vivre l'expérience, ou de voir une réaction instantanée. Je pense que les gens ont de la difficulté à comprendre à quel point c'est simple. Des pages et des pages de documentation ne peuvent pas remplacer le fait de remarquer le regard dans l'œil d'un cheval lorsqu'un moment de compréhension a lieu ou voir une facette du caractère du cheval pour la première fois. Laissez-moi mieux m'expliquer. Imaginez que vous rencontrez un enfant dans une forêt tropicale lointaine. Cet enfant ne parle pas votre langue et remarque que vous transportez une balle. Il n'a même jamais vu une balle de toute sa vie et ne sait pas quoi en faire. Comment feriez-vous comprendre à cet enfant à quoi sert une balle, et comment feriez-vous pour que l'enfant joue librement et joyeusement avec vous par la suite? En mettant l'enfant dans une cage? En l'attachant avec une corde pour l'empêcher de s'enfuir pendant que vous lui prouvez que la balle n'est pas dangereuse en approchant l'objet étranger de plus en plus près? En poussant l'enfant avec un bâton pour qu'il s'approche de la balle? En mettant des chaînes autour de ses poignets et en le tirant vers la balle? En le menaçant physiquement jusqu'à ce qu'il s'approche de la balle, puis en relaxant et en souriant? À chaque pas que l'enfant fait vers la balle, lui donner un bonbon? Etc, etc...

Je suis certain que vous connaissez la liste. Toutes ces méthodes fonctionneraient. Présenter cela de cette façon a tendance à insulter les gens. Ce que j'aime de la nouvelle génération est qu'ils voient tout de suite au-delà des trucs de dressage habituels. Ils questionnent immédiatement et n'obéissent pas. Je n'avais jamais vu cela auparavant. Essayer de communiquer et de devenir compréhensible n'est pas une méthode ou un type de dressage. C'est pourquoi le changement de mentalité concernant la manière de voir les chevaux est si important. J'ai vu des gens qui voulaient atteindre les résultats obtenus en NHE, mais qui se sentaient pourtant stupides lorsqu'ils essayaient de jouer avec leur cheval ou lorsqu'ils essayaient d'être compréhensibles sans utiliser les techniques de dressage habituelles. Ce qu'ils recherchent vraiment est un résultat et ils veulent une réponse immédiate de la part du cheval. Dans une telle situation, la personne va se fâcher, décider que la NHE est absolument ridicule et utiliser soit une cravache, soit un clicker à la place. La méthode qu'ils utilisent par la suite importe peu; ils retournent au dressage d'un animal.

Un autre exemple de communication et de compréhension par le cheval serait : comment montreriez-vous à un cheval à lever une patte sans le toucher? Comment demanderiez-vous à un cheval à ramasser un licou au sol? Comment montreriez-vous à un cheval à prendre le licou bleu plutôt que le licou rouge? Pourtant, tout cela est possible. Demandez-le simplement au cheval!

La santé et le style de vie sont importants. Certains diraient que leurs chevaux aiment simplement faire des randonnées. Oui, c'est bien possible, parce que le cheval a été enfermé dans un box pour une semaine ou toute la journée. Nourri comme s'il était un humain (de deux à trois repas par jour) avec de la moulée sucrée, une autre tradition néfaste pour le cheval. Chaque fois que le cheval sort, c'est pour une raison reliée aux humains. Dans certains cas, ils peuvent sortir une heure sur vingt-quatre. Certaines personnes choisissent de laisser les chevaux à l'extérieur. Malheureusement, souvent, ce choix n'est pas fait pour le bien-être physique ou mental du cheval, mais pour des raisons financières. Même si le cheval est à l'extérieur, est-ce que les conditions sont acceptables? Y a-t-il de l'ombre, un abri, des possibilités de mouvement, de la nourriture, de l'eau, d'autres chevaux? Est-ce que c'est juste un grand box ennuyant? Cela fait partie de l'aspect souvent ignoré mais accepté de la vie du cheval domestique dans une écurie.

Comme vous pouvez le constater, le meilleur endroit pour avoir un cheval est à la maison avec vous. Les conditions de vie du cheval sont très importantes. Beaucoup de gens acceptent sans réfléchir les conditions de vie dans une écurie standard parce que c'est la façon habituelle de faire, mais ils n'acceptent certainement pas sans réfléchir d'avoir des chevaux « difficiles ». Lorsque nous travaillons avec un cheval, puisque nous manquons toujours de temps, nous cherchons des solutions rapides. Elles sont abondantes... et ne finissent jamais.

L'exemple de l'approche de l'enfant est ma façon d'expliquer ce qu'est la NHE. Cela peut prendre du temps, mais une fois que la confiance et la communication sont établies entre un cheval et un humain, les possibilités sont infinies. Ce qui peut être nouveau est le fait qu'Alexander Nevzorov a, par amour pour le cheval, permis au cheval de prendre consciemment la décision de faire ce qu'il fait instinctivement dans la nature. Pour le monde équestre habituel, la seule chose stupéfiante est un cheval rassemblé. Toutefois, nous développons aussi sa pensée et permettons au vrai esprit du cheval de grandir.

Il est aussi important de noter que la NHE n'est pas la Haute École traditionnelle. Ce n'est pas la reprise d'une discipline. Il ne s'agit pas de refaire les mêmes choses sans une bride et un mors. Beaucoup de gens peuvent obtenir des résultats similaires, mais ils sont loin de faire partie de la NHE.

La vérité ne se trouve pas dans les résultats finaux, mais dans nos cœurs et dans la façon dont le cheval comprend et perçoit notre façon de demander et d'accepter ses gestes. Nous ne visons pas des positions ou des réponses « respectant une norme », mais plutôt ce que le cheval peut donner selon sa capacité. C'est une nuance subtile, mais qui fait toute la différence. Cela dépend aussi de la manière dont ces résultats sont obtenus et des raisons pour lesquelles nous l'avons choisie au départ! C'est ce qui différencie la NHE et c'est pourquoi cela ne fonctionne pas avec tout le monde. Je souhaite que tous ceux qui comprennent ceci soient capables de voir la différence s'ils regardent une personne qui dit démontrer la « NHE » en ayant recours à la force.

Comme je l'ai déjà mentionné, ces éléments sont des prérequis importants à respecter lors du travail avec les chevaux. Que faites-vous avec eux, que voulez-vous qu'ils fassent, qu'êtes-vous prêt à faire pour eux?

Je comprends totalement à quel point cela peut sembler être un changement dramatique. Je suis passé par là et cela ne s'est certainement pas passé tout d'un coup.

***

En relisant cet article maintenant, je vois comment je peux tenir pour acquis ce que j'ai appris de mes expériences et ce que nos chevaux font. J'aurais aimé discuter de tellement plus de choses, mais j'ai dû garder ma réponse courte et simple. Comme vous pouvez clairement le voir, je n'explique pas d'exercice précis pour atteindre l'harmonie. Ceux qui s'attendent à une réponse concise suivent la mauvaise voie.

J'espère que ce que j'écris pourra aider des gens à le comprendre. Lorsqu'une personne comprend vraiment comment rejoindre un cheval sans cordes et que la porte est ouverte pour une vraie communication mutuelle, les résultats auxquels la personne s'attendait n'ont plus aucune importance. Comme l'affirme Alexander : « Le secret de votre relation avec un cheval est que vous devez aimer son essence... Vous devez ressentir sa douleur, sa peur et son inconfort en vous-même. Vous devez aimer son point de vue et essayer de le partager. Le secret de l'âme d'un cheval est que le cheval ne vous doit rien et n'a pas du tout besoin de vous obéir. » Atteindre ce point nous donne une nouvelle compréhension et un nouveau respect pour le cheval selon une nouvelle perspective. L'idée de « dressage » est dissoute. Ironiquement, c'est à ce moment-là que tout devient possible.

Dans l'article, je mentionne que je monte mes chevaux, mais après avoir obtenu la monte rassemblée et différents mouvements de Haute École, j'ai arrêté les séances de monte régulière. Même si je désirais continuer la pratique et les exercices durant l'hiver, cela fonctionnait rarement. Le froid et le climat étaient simplement trop extrêmes. Les jours d'hiver passaient, témoins de mon anticipation grandissante du printemps. Finalement, lorsque les jours plus chauds arrivaient et que la neige disparaissait, j'avais une grande envie de monter. Sentir la communication, la bonne volonté et la puissance du cheval rassemblé naturellement sous moi dépassait toute comparaison avec mes manières de monter passées. Toutefois, l'hiver avait été long et nous avions tous perdu la forme. Je décidais de sortir et d'être actif de nouveau avec les chevaux pour pouvoir monter avec la conscience plus claire. Lorsque les chevaux avaient reçu leurs cours de rattrapage, nous étions tous plus en forme grâce à la pratique, aux jeux et à l'apprentissage, et mon envie de monter avait disparu. Après avoir passé beaucoup plus de temps avec eux et avoir vu leur caractère et leur interaction resurgir, la monte était devenue une toute petite partie de ce qui était possible.

Tout comme les vieilles notions de dressage nous hantent au début, nous devions continuer à les éliminer à mesure que nous progressions. C'était peut-être de la Haute École, et il est important de répéter que c'était de la Haute École selon le style *Nevzorov*, et malgré l'enseignement sans force et sans contrainte, le cheval ne finissait-il pas par faire la même chose au final? Le cheval avait le choix, mais poursuivions-nous toujours l'objectif de monter? Comment pouvions-nous justifier que la monte était bénéfique pour le cheval quand nous étions concentrés sur la santé du cheval dans tous les aspects? Tout vétérinaire honnête vous dira que les chevaux ne devraient pas être montés. Toutefois, puisqu'ils le sont, nous élaborons des directives pour le meilleur ajustement de la selle, produisons de nouveaux modèles de selles, de nouveaux tapis et des produits pharmaceutiques et techniques de massage visant à aider le cheval à vivre avec tous ces problèmes.

La première étape pour les cavaliers typiques voulant faire partie de la NHE était d'arrêter de monter pour une période pouvant aller jusqu'à un an, pour permettre au cheval de guérir. Pendant ce temps, nous construisions une relation et une nouvelle communication et permettions au cheval de se renforcer par des jeux et des exercices. Et puis que faisions-nous ensuite? Répéter ce qui avait causé des dommages au cheval au départ?

J'ai commencé à réfléchir à cela concernant un de nos chevaux. À partir du moment où nous l'avons adopté, jusqu'à deux ans plus tard, son dos s'est amélioré de façon importante, du moins visuellement, de l'extérieur. Les muscles affaissés le long de son garrot et de son dos se sont bien remplis et développés. Nous l'avions adopté et même si on ne nous avait pas parlé de problème particulier concernant son dos, sa cinquième vertèbre cervicale faisait toujours un son de craquement lorsqu'il levait sa tête pendant qu'il broutait. Je savais qu'il était d'accord pour que je le monte, mais j'ai commencé à me demander si je le faisais juste parce que je le pouvais. Pour la première fois, je commençais à me demander si c'était juste pour tous les autres chevaux.

Alexander réfléchissait à la question de la monte à partir du point de vue du cheval depuis un certain temps. La durée de chaque monte était déjà limitée à moins de 12 minutes, puis a été réduite quelques fois par la suite, et finalement, Alexander a cessé de monter pour de bon. Grâce au Nevzorov Research Center, ses raisons allaient un peu plus loin que les miennes en fournissant des preuves solides. C'est la science, une fois de plus, qui a réfuté la croyance initiale selon laquelle le rassemblement naturel était suffisant.

Dans les débuts de la NHE, l'objectif d'Alexander était de monter seulement un cheval rassemblé naturellement. Il est important de noter, à cause de plusieurs commentaires que j'ai reçus, que les chevaux n'étaient pas rassemblés dès que notre orteil touchait l'étrier. Nous demandions le rassemblement, ou le cheval choisissait de se rassembler, juste avant de commencer les exercices. De l'extérieur, il était évident que le cheval se déplaçait beaucoup mieux et était beaucoup plus athlétique. C'est comme la différence entre une personne se tenant au coin d'une rue et attendant que le feu de circulation soit vert, et un danseur de ballet placé pour attraper un autre danseur.

Malgré la santé et la force incroyables de ses chevaux, la découverte de dommages aux muscles internes d'autres chevaux causés par la monte, de dommages aux muscles sous-cutanés cutaneus scapulobrachialis et cutaneus maximus, il était attristé d'avoir même encouragé la monte. Alexander vit selon ses découvertes et quand elles concernent le bien-être du cheval, il ne fait aucun compromis.

Je ne m'attends pas à ce que ces découvertes et arguments mettent soudainement fin au monde des chevaux, mais considérez tout de même ce qui suit. Les selles distribuent supposément le poids, mais ce poids cause de la pression sur le dos du cheval. Cela n'est pas seulement le poids de la selle. Si vous mettiez une selle sur une balance, vous pourriez lire son poids; toutefois, ce seul nombre n'est pas son poids réel. Attachez une sangle à la selle, faites-la passer sous la balance comme si elle était un cheval, attachez-la de l'autre côté et serrez-la. Quel nombre la balance pointe-t-elle maintenant? Une pression importante est appliquée, non seulement à la surface de la peau, mais aussi aux muscles qui se trouvent en dessous. Puis, ajoutez le cavalier. Par curiosité soudaine, j'ai fait le test avec une vieille balance de salle de bain. Le support de la selle a seulement soulevé la partie la plus basse de la selle à environ deux mains du plancher. Je pense que la pression de la sangle serrée aurait été mesurée avec plus de précision si j'avais été à la verticale, mais cela donne une bonne idée générale. Une selle de 36 lb, ou 16 kg, est devenue une selle de 142 lb ou 64 kg. Cela ne comprend pas la pression aussi produite par la sangle.

Nous ne pouvons pas nous soutenir sur notre coude ou croiser nos jambes pour de longues périodes sans ressentir un inconfort ou un engourdissement. Une autre façon d'illustrer cela pour aider à comprendre ce qui se passe est de parler de la cause et de la conséquence des blessures causées par la pression, connues plus généralement sous le nom de plaies de lit pour les humains.[4] La même chose s'applique au dos du cheval. La peau et les muscles souffrent rapidement d'ischémie, qui est le manque de sang et d'oxygène. Les cellules commencent à mourir. Les muscles commencent à se nécroser. Comme nous le savons bien, les pires problèmes peuvent provenir d'une infection aiguë des tissus conjonctifs de la peau s'étendant aux os et aux articulations ou causant une infection du sang. Un cheval en très bonne forme ayant une très bonne pression capillaire peut s'en tirer pour plus longtemps, mais l'ischémie est inévitable. Toute légère faiblesse musculaire est compensée et les effets sont transmis à tous les autres muscles, affectant subséquemment les vertèbres, les nerfs (causant communément une subluxation) et éventuellement le bien-être général du cheval est diminué au niveau cellulaire. Si nous ne voyons pas de sang ou d'os sortir, nous avons tendance à croire qu'il n'y a aucun problème.

La plupart des chevaux d'équitation ne finissent pas par avoir une colonne vertébrale courbe ou des vertèbres qui ont l'air de montagnes russes, mais c'est le cas pour certains, et j'ai vu des gens qui continuaient à les monter. Néanmoins, c'est ce genre d'information médicale qui a rappelé à

Alexander les faits concernant le cheval, s'opposant à sa propre passion de la monte. La décision conséquemment prise par Alexander strictement en faveur du bien-être du cheval est un parfait exemple de ce qui fait que la NHE est considérée comme extrême. Qu'on utilise une vieille selle en cuir ou une selle synthétique ultralégère, ou même aucune selle, que le cavalier soit un enfant ou un adulte, le résultat est l'ischémie, tout comme si nous nous appuyions légèrement sur notre coude.

Pour beaucoup de gens, cet argument peut sembler sans importance, parce que le cheval n'a pas l'air de souffrir. Nous sommes si habitués de voir des chevaux se faire monter. Nous sommes élevés avec ces images et pouvons les voir tout au long de l'histoire. Quelle serait la différence si nous prenions notre sac à dos et allions faire une randonnée à pied pendant deux heures? Tout d'abord, c'est mon choix personnel. Mon corps réagirait de la même façon, même si l'effort et la pression n'étaient pas aussi intenses. Je suis aussi capable de souvent déplacer légèrement le poids du sac à dos. Les chevaux ne peuvent pas faire cela avec les cavaliers. Parce que nous nous tenons debout, nous pouvons mieux supporter le poids de par la structure de notre squelette que si nous faisions notre randonnée à quatre pattes. Notre colonne vertébrale serait soumise à la gravité par le poids placé perpendiculairement. Cela serait difficile, mais la récupération serait possible. Si cela était fait régulièrement, debout ou non, et que nous aimions cela ou non, ce type d'effort aurait des conséquences sur le corps de différentes manières. Demandez à une danseuse de ballet qui choisit de supporter la douleur de vous parler des problèmes chroniques et aigus qui s'ensuivent inévitablement.

Les pousse-pousse tirés par des humains ont été interdits dans plusieurs pays pour le bien-être des travailleurs. Pour des raisons autres que le travail ou la nécessité, nous pouvons choisir de nous pousser à la perfection athlétique, mais les chevaux sont souvent poussés à leur limite. Le Québec a certains des meilleurs règlements, lois et surveillance pour les calèches tirées par des chevaux, mais, en juillet 2010, un cheval qui avait fait cinq tours de la ville de Québec a dû être euthanasié après s'être effondré à la suite d'une crise cardiaque en retournant à l'écurie à cause de l'épuisement et de la déshydratation. Ces histoires se reproduisent tous les jours, et pas seulement aux nouvelles. À la maison, deux cavaliers sont arrivés en galopant à travers un champ en appelant à l'aide parce qu'un cheval s'était effondré sur le sentier après avoir été poussé à traverser une zone de neige humide et de boue par la personne qui le montait. Ce genre d'histoire de produit sans arrêt partout dans le monde, et pas seulement dans les pays du tiers monde.

Sans tenir compte de l'aspect physique, le public posait de plus en plus de questions pour savoir comment Alexander réussissait à faire ce qu'il faisait. Il fallait donner une réponse plus précise que seulement leur dire d'apprendre à communiquer avec le cheval. Même lorsque je répondais : « Essayez seulement de demander au cheval! », ou que je donnais l'exemple de l'enfant qui ne comprend pas notre langue, les gens ne semblaient pas comprendre. Ils voulaient une méthode systématique décrivant la manière de le demander au cheval. Alexander a fait une vidéo démontrant sa façon de faire, mais c'était encore trop vague pour la plupart des gens. J'ai fait de mon mieux en donnant des exemples, mais plus j'en donnais, plus cela semblait être une méthode de dressage, et plus les gens continuaient à traiter cela comme une méthode de dressage. Encore une fois, les gens voyaient la vidéo ou mes exemples et pensaient que c'était la méthode exacte. Ils oubliaient que cela pouvait varier selon le caractère du cheval qu'ils connaissaient si bien, selon les moyens de communication simples qui avaient été appris ou s'étaient établis entre la personne et le cheval, et qu'il fallait aussi s'ajuster constamment en écoutant le cheval. Des variations de ma manière de travailler avec différents chevaux seront présentées au chapitre suivant. J'explique le processus avec beaucoup de détails et d'exemples, alors si vous avez besoin d'une pause, prenez-en une avant de continuer votre lecture.

Débloquer les capacités d'apprentissage

À un moment où je ne voulais pas poursuivre le dressage de chevaux pour autrui, cela m'a donné quelque chose de nouveau à faire avec les chevaux et j'ai recommencé à avoir du plaisir avec eux. Ma force était toujours la relation. Un des exercices nécessitait une chambrière. Le but de l'exercice était de faire comprendre au cheval qu'il ne devait pas en avoir peur. Elle n'était pas utilisée pour le faire avancer ou pour le frapper, mais plutôt pour pointer ou toucher un sabot arrière, par exemple, tout en se tenant à la hauteur du cou du cheval. Beaucoup de gens disent que la chambrière devrait simplement être une extension du bras, mais est-ce qu'ils l'ont déjà utilisée comme menace? Pendant des séances de dressage régulier, je l'ai aussi vue être une extension de la colère, même si elle n'était pas utilisée pour frapper le cheval. Ce jeu provient principalement de la manière dont les chambrières sont utilisées contre les chevaux en Russie. Lydia et Alexander voulaient changer cela. Une des règles présentées par Lydia est que la colère ou même les cris étaient interdits. Lorsque le cheval apprend et croit que vous ne lui infligerez jamais de douleur d'aucune sorte, vous pouvez agiter la chambrière à côté de la tête du cheval et il va rester calme. Je dis bravo à ceux qui ne l'ont utilisée que comme extension de leur bras. Combien de chevaux dressés de manière régulière ne réagiraient pas si un humain faisait craquer un fouet dans leur direction?

Une partie de cet exercice s'est aussi transformée en un type de jeu au cours duquel le cheval prenait la chambrière. Au début, c'était amusant de voir qu'un cheval de bonne humeur prenait la chambrière et l'envoyait sur mes fesses. Il me courait après en l'utilisant ou se retournait et, en tenant fermement la chambrière entre ses dents, il tournait sa tête vers un autre cheval qui était à côté de nous. Il faisait avancer l'autre cheval devant lui. Je trouvais cela très drôle, mais en même temps, assez déconcertant de voir que des chevaux calmes et d'humeur joueuse nous copiaient. Ils copiaient ce que nous faisions avec une chambrière. J'ai entendu des histoires similaires d'autres chevaux partout dans le monde qui avaient la même réaction lorsqu'ils jouaient à ce jeu.

Pendant les exercices, je passais la majeure partie de mon temps à essayer de trouver une façon d'aider le cheval à comprendre ce que je voulais. Je devais apprendre à ralentir, à ne pas répéter la même chose sans arrêt sur une courte période. Cela permettait au cheval d'avoir du temps pour réfléchir, et il y avait aussi des pauses fréquentes pour jouer. Plus d'une fois, et avec plus d'un cheval, après une séance avec un cheval en particulier, un cheval qui observait s'approchait et faisait le mouvement pour moi. Certains disent que cela est impossible parce que les chevaux peuvent seulement apprendre par association et dressage direct. Je pense que nous devrions donner aux chevaux un peu plus de crédit. Même si une telle démonstration de leur apprentissage par observation m'a surprise, je n'ai pas été stupéfait.

Nous savons bien sûr que les chevaux apprennent des mots comme whoa, marche, trotte, galope, alors pourquoi la plupart des gens s'arrêtent-ils là et ne croient pas qu'il est possible d'aller plus loin? Les chevaux sont capables de pensée cognitive et de planification. On entend souvent parler de chevaux qui sont capables de défaire les nœuds les plus compliqués, qui savent que les clôtures électriques sont dangereuses alors ils trouvent une façon de les contourner, comme en rampant précautionneusement en dessous. Je vois tellement de lieux possédant des acres de pâturage, mais où les chevaux sont laissés dans un enclos en sable. Le cheval regarde toute la verdure qui se trouve de l'autre côté de la clôture. Il doit penser que nous sommes fous. Il est commun que des chevaux apprennent par observation à ouvrir les portes de l'écurie ou à sortir de leur box et à libérer les autres chevaux. Les activités nocturnes des chevaux à une écurie m'ont surpris. J'avais remarqué que la porte d'un box était partiellement renforcée d'un côté et qu'un cadenas avait été installé sur la poignée du box pendant que le cheval était à l'intérieur. Ce cheval avait déjà appris à ouvrir la porte en sortant sa tête entre les barreaux et en jouant avec la tige de métal qui avait été glissée pour barrer la porte. La tige avait été attachée, mais le cheval commençait par la détacher, puis il était capable d'ouvrir encore sa porte. Une fois qu'il ne pouvait plus faire cela à cause du cadenas, le cheval a découvert, peut-être par déduction ou parce que ses options étaient limitées, que, de la même manière qu'il avait réussi à faire glisser la fermeture de la porte, il pouvait faire glisser les charnières de la porte. Il sortait de son box et libérait les autres chevaux. C'est pourquoi ils ont barricadé le côté de la porte où se trouvaient les charnières.

Nous avons un paddock de 100x200 pieds pour nos chevaux, qui fait partie d'un grand champ. Je sépare le champ de cette manière pour permettre la rotation du pâturage. Certains paddocks ou enclos présentent des exemples de clôtures efficaces. En général, il y a trois rangées de planches entre les poteaux. Je place seulement deux planches. Il y a un espace libre sous la planche du bas et une ouverture assez grande au milieu des deux planches tout autour de la clôture. Lorsque les chevaux ont terminé de brouter l'herbe dans le champ ouvert, l'herbe plus haute et fournie du paddock commence à être attirante. En s'étirant le cou entre deux planches, ils cassaient en général une planche. Lorsqu'ils voulaient aller dans le paddock, est-ce qu'ils poussaient la clôture à n'importe quel endroit? Non. Ils allaient directement à une zone affaiblie. C'était plus que suffisant pour qu'ils puissent entrer. Au matin, je voyais le dommage et les signes évidents que quelques-uns des chevaux avaient traversé pour aller brouter l'herbe nouvelle. Je leur disais de sortir, qu'ils n'étaient pas censés être là et même si je ne pouvais pas les blâmer, j'étais fatigué de toujours devoir réparer cette clôture. Ils le savaient. Ils savaient aussi sortir du paddock avant que je vienne les voir le matin. Lorsque j'essayais de tenir une planche en place pour la réinstaller, un cheval qui me regardait à proximité ramassait parfois le marteau pour me le donner. Après avoir fait cela pendant quelques saisons, j'ai remarqué qu'ils passaient toujours leur tête à travers la clôture, mais sans appliquer de pression aux planches. Si je leur disais à distance de reculer, ils le faisaient. Maintenant, ce que je trouve intéressant est que même si je ne les ai jamais pris sur le coup, je crois qu'ils ont trouvé une façon de passer sous la clôture où le terrain est plus bas. Ils vont à la section plus courte qui se trouve le long de la maison et, de l'intérieur du paddock, sortent leur tête pour brouter la pelouse, qui pousse plus dru et plus vite que l'herbe du paddock. Ils savent qu'ils ne sont pas censés être dans le paddock à moins que j'ouvre la porte, et ils sont certains de se faire prendre s'ils brisent ou arrachent une planche, et ils savent que je n'aime pas quand cela se produit. Alors maintenant, on dirait que mes petits guerriers y entrent et y sortent incognito. Quand je me réveille, ils sont éparpillés dans le champ, la clôture est intacte, mais leur aventure est évidente parce qu'une partie de la pelouse est soudainement rasée jusqu'au sol le long de la clôture près de la maison. Je vois des marques de glissement dans l'herbe du paddock également. Ils doivent sauter de joie en pensant « Nous avons réussi! ». Je suis fier d'eux et s'ils ne me donnent pas de travail supplémentaire, je ne fais aucun effort pour les empêcher d'entrer ou de sortir, selon la façon de voir la situation. Voilà à quel point les chevaux ont appris ce que j'aimais et ce qui me déplaisait et c'est aussi un exemple de leur intelligence.

Ce genre d'interactions et de temps passé ensemble nous ont permis d'apprendre les uns des autres. Un des fondements des mouvements de la NHE était de montrer au cheval où placer un sabot. Je disais « step », touchais le boulet du cheval et avançais mon propre pied. Après avoir vu comment les chevaux jouaient avec une chambrière en poursuivant d'autres chevaux, j'ai arrêté de l'utiliser. J'aimais l'idée d'Alexander d'utiliser une branche cassante d'aubépine à la place. Si, par un mouvement du cheval ou de moi, la branche touchait au cheval, elle se cassait. J'aimais le fait que ce soit une partie de la nature et que l'arbuste soit commun en Amérique du Nord, aussi. N'importe quelle longue branche ou tige fragile suffit.

Un cheval, dès que je le touchais, s'avançait vers moi. Essayait-il de réclamer mon espace en étant dominant? Bien sûr que non. De plus, je n'assumais pas qu'il devait s'éloigner de moi de la plus petite façon en inversant les rôles. Ce type de comportement équin est applicable entre chevaux mais plus à la relation entre les chevaux et les humains.

Il était évident que le cheval essayait de comprendre ce que je voulais lui montrer. J'avais une idée fixe de la façon dont il apprendrait mon langage, mais je me suis adapté à sa réaction et nous avons plutôt créé un nouveau dialecte. Par conséquent, je pointais vers l'avant, je disais « step », je touchais le devant de sa patte, si nécessaire, et j'avançais mon propre pied. Toucher sa patte était beaucoup plus clair pour lui et il l'a avancée. Maintenant, c'était clair, et éventuellement, je n'avais qu'à pointer l'avant d'un sabot en particulier et à dire « step » pour qu'il place son sabot où je pointais. Plus tard, j'ai pu arrêter de pointer, ne plus utiliser de mot, parce que si je déplaçais ma jambe gauche, il bougeait la sienne. Ou bien, si je regardais sa patte et que j'étendais un de mes doigts, il savait ce que je voulais. Ces petits exercices nous aidaient non seulement à nous comprendre, mais représentaient aussi les fondements de la combinaison de ces petits mouvements et le début du lent étirement des muscles pour atteindre cela facilement.

Une fois que le cheval pouvait placer son sabot, je commençais à lui demander de le poser sur un objet surélevé. La hauteur augmentait légèrement chaque semaine. Lorsque le cheval était capable de placer son sabot facilement et avec légèreté sur un baril placé de côté, je lui demandais de garder cette position. Un sifflement à deux tons, composé d'un son haut et d'un son bas, voulait dire d'attendre, ou d'arrêter de bouger, ou de ne rien faire d'autre. Je pratiquais cela en même temps que la marche et l'arrêt. Une fois que le cheval s'arrête, il reste là sans bouger. Pour qu'il lève sa patte, je la touchais avec une branche et la laissais sur son genou. Après quelque temps, j'étais capable de tasser le baril sur le côté et le cheval laissait sa patte dans les airs et étendue vers l'avant pour atteindre la branche.

Si cela ne fonctionnait pas avec un autre cheval, je tenais la branche juste devant son genou pendant qu'il était debout sans bouger. Je lui demandais d'avancer sa patte et ensuite le genou touchait à la jambe s'il déplaçait même légèrement sa patte. Alors j'étais content et je félicitais le cheval. À partir de là, chaque fois que je demandais au cheval d'avancer sa jambe, je déplaçais la branche juste un peu plus loin. En continuant de progresser à partir de ces petits mouvements et signes de départ, lorsque je plaçais la branche devant sa patte avant à la hauteur du poitrail du cheval, sa patte droite se levait pour toucher à la branche. Le cheval comprenait, alors nous ne répétions pas des douzaines de fois. Je demandais la patte droite, la patte gauche, puis je félicitais le cheval et lui grattais le garrot, lui donnais un gros câlin, puis nous courions et jouions. Les pauses et jeux fréquents sont très importants. Nous allions de l'autre côté du champ, où j'avais caché des carottes, et dans la perspective du cheval, c'était comme donner un cornet de crème glacée à un enfant.

Une des premières choses qu'Alexander faisait avec ses chevaux était de leur montrer à s'asseoir. Ce n'était pas pour impressionner les gens. C'était pour étirer les muscles du dos et des flancs en préparation à un meilleur rassemblement. Sa façon de commencer ce mouvement en particulier est claire dans ses vidéos, mais il ne l'a jamais mentionnée directement. Peu de gens semblent le remarquer. J'ai déjà expliqué le truc à des gens, mais à ma connaissance, personne ne l'a jamais essayé. Je donne la réponse, mais elle semble se perdre dans la recherche de réponses.

Dans un manège, j'espère que le soleil va briller à travers une ouverture quelque part. Cet endroit où le sable est réchauffé est l'endroit où le cheval va se rouler. Vous rappelez-vous le sifflement à deux tons dont j'ai déjà parlé? Après que le cheval se soit roulé et soit sur le point de se relever, je fais le sifflement. Le cheval reste immobile entre la position couchée et debout. Vous pourriez peut-être simplement le toucher et lui dire « stop ». Le cheval devrait déjà avoir appris à réagir à un cordéo. Un cordéo est une bande ou une corde douce passée autour du cou du cheval. Elle doit être positionnée sur le garrot et descendre jusqu'au centre du poitrail environ. Depuis que la NHE est plus connue, les colliers décoratifs pour les chevaux sont très faciles à trouver sur internet. J'ai commencé avec une vieille laisse de chien. J'ai trouvé que le meilleur cordéo était un simple brin provenant d'une laisse en coton pour chevaux. Décorez-la si vous voulez. Avec le cordéo, vous pourriez aider le cheval à se lever un petit peu plus. Encore une fois, le cordéo doit être utilisé avec le sifflement à deux tons pour qu'il s'arrête encore pendant le mouvement. Cela ne fonctionnera peut-être pas du premier coup, mais s'adapter à ce que le cheval fait naturellement est la meilleure façon de procéder.

Un autre exercice était simplement de demander au cheval de marcher à partir de l'arrêt, puis de s'arrêter. Cela semble simple, mais c'est très important. En réalité, aucun de ces exercices ne semble difficile et c'est pourquoi ils sont si faciles. Puis ajoutez le lever de la patte et la demande de s'avancer. À quoi est-ce que ça ressemble? Au pas espagnol. En combinaison à cela, toujours comme exercice séparé, il y a aussi la flexion de la nuque pour placer le cheval à la verticale. (Être à la verticale signifie que le cheval penche sa tête vers l'avant, ou la baisse à partir du cou pour que la ligne du chanfrein soit verticale par rapport au sol. Le mouvement est similaire à celui d'une personne qui baisse son menton sur sa poitrine. C'est un prélude au vrai travail rassemblé.) Lorsque le cheval comprenait cela et restait en position, je lui demandais d'avancer ses pattes postérieures un peu plus sous son corps. Cela améliorait rapidement la compréhension du cheval et il fallait peu de temps avant que le vrai rassemblement commence à apparaître. Il le faisait bientôt de sa propre initiative. Cela devenait plus facile et le cheval se renforçait. Ce qu'il faisait normalement en liberté par instinct spontané, il le faisait maintenant par décision consciente afin de faciliter ses mouvements.

Le cheval s'habituait à un exercice en particulier, mais lorsqu'un autre était ajouté, le mouvement n'était pas toujours instantanément fluide. J'ai filmé le premier jour où j'ai essayé de combiner deux mouvements avec Peppy. C'était pour faire le pas espagnol. Il a très bien compris la jambette, la marche et l'arrêt. La jambette est le lever d'une patte à l'arrêt, de manière à ce que le radius, qui est la partie de la patte entre l'épaule et le genou, soit parallèle au sol. Lorsque j'ai demandé pour la première fois la jambette puis la marche, c'était deux exercices distincts. Peppy plaçait sa patte au sol au même endroit où elle était avant qu'il l'ait levée puis commençait à marcher.

Lorsque j'ai encore demandé la jambette puis la marche, il s'est étiré un peu vers l'avant parce que je restais légèrement devant lui, mais il a commencé à frapper le sol de frustration. Ce n'était pas facile pour lui de mettre les deux gestes ensemble, de lever sa patte haut tout en faisant un pas. Je n'ai pas insisté, je ne me suis pas fâché et je n'étais pas frustré. Je l'ai invité à courir. Il n'a pas couru avec moi, il s'est éloigné en courant. J'ai attendu environ une minute puis je l'ai rappelé. Il est arrivé en trottant et était prêt à réessayer. Finalement, il a compris et a fait un grand pas et un deuxième, plus petit. La barrière commençait à s'ouvrir.

Leo a été le premier cheval que j'ai monté au rassemblement complet. En réalité, c'était le premier en rassemblement naturel complet. Peppy l'avait fait avec la bride sans mors, mais je n'ai jamais commis l'erreur habituelle qui consiste à essayer de le courber à la nuque seulement. Il s'est rassemblé de lui-même alors que les rênes étaient lâches. Lorsque des gens venaient voir des démonstrations de la bride sans mors, ils me demandaient comment je lui avais montré à faire cela. Honnêtement, je ne le savais pas. C'est tout de même assez spécial, bravo à Peppy!

J'ai remarqué que deux facteurs entraient en jeu lors de la coopération et du rassemblement naturel volontaire durant les exercices. Il s'agit de la concentration et des réponses physiologiques à l'intérieur du cheval. Les oreilles couchées indiquaient une seule réaction possible pour les observateurs : le cheval était exaspéré. N'oubliez pas que la phrase répétée le plus souvent au sein de la NHE est « Le cheval a toujours raison ». Si le cheval était exaspéré, et ne voulait pas participer, il savait aussi qu'il pouvait s'en aller à n'importe quel moment s'il le désirait. Selon mon expérience, si je remarquais qu'un cheval faisait quelque chose considéré comme désagréable seulement pour me faire plaisir, je mettais fin à la séance. Ce n'est presque jamais arrivé qu'un cheval décide de s'en aller après avoir quitté volontairement le troupeau de cinq chevaux libres dans nos champs pour travailler avec moi. Au début, les oreilles de mon cheval, pendant l'exécution d'exercices qui demandaient de la concentration et de la force physique, étaient couchées pendant le mouvement. Juste avant de faire le mouvement, ou lors des étapes subséquentes, il secouait parfois la queue. Cela provenait du fait que le cheval avait pris des décisions et, par la suite, les exécutait. Il s'agit de ma propre interprétation en fonction de mes chevaux, que je n'ai pas faite juste pour expliquer la réaction sans effort. Si j'interrompais la séance parce que j'avais l'impression que le cheval en avait assez, le cheval venait me rejoindre pendant que je m'en allais parce qu'il voulait réessayer. J'ai aussi ajusté ma façon de demander quelque chose, parce que j'ai compris que la réaction, dans cette situation, était comparable à celle d'un chat qui bouge sa queue pendant qu'il calcule son saut.

Après quelque temps, lorsque les chevaux se rassemblaient naturellement, étaient de plus en plus en forme et réalisaient facilement tous les mouvements, y compris en portant un cavalier, leurs oreilles étaient attentives et leur tête était détendue. Les changements progressifs que j'ai remarqués en regardant une série de photos avec Phantom, Pepper, Peppy et Leo étaient stupéfiants, mais leurs oreilles étaient toujours couchées lorsqu'ils exécutaient des figures au-dessus du sol.

La deuxième réaction que j'ai remarquée, à la suite du rassemblement naturel, était une érection occasionnelle. Il s'agissait, au départ, d'une réaction physiologique à la position du cheval. Se rassembler les a certainement énergisés, mais ils développaient et conservaient leur maîtrise de soi. En se concentrant davantage et en changeant le contexte de rassemblement par le biais d'une série de mouvements appris, cette réaction physique visible a cessé.

Je peux vous dire que lorsque nous donnions trop de récompenses alimentaires, les chevaux avaient l'air frustré, exigeant et agressif, avec les oreilles couchées, comme on le voit souvent. Le cheval n'était pas en train d'apprendre et de comprendre de nouvelles choses avec curiosité, mais agissait dans l'unique but d'obtenir une récompense goûteuse le plus rapidement possible.

Comment quelqu'un pourrait-il éliminer la possibilité qu'un cheval veuille seulement participer à une séance sans motivation préalable? Laissez-les être totalement repus, de façon à ce que vous puissiez marcher à travers un champ avec un seau de carottes sans que les chevaux soient exagérément excités. Combien de chevaux domestiques connaissez-vous qui ne sont pas surexcités à l'idée du prochain repas? La question n'est pas de le rassasier avant une séance. Cela irait à l'encontre de notre but. Ce qui compte, c'est littéralement leur contentement et le fait qu'ils savent qu'ils ne manquent de rien. Si nous nous penchons sur l'histoire de l'humanité, certaines des découvertes les plus importantes, dans les domaines scientifique et artistique, ont eu lieu durant des périodes d'abondance. L'absence de préoccupations pour la survie augmente les possibilités de développement personnel au-delà des limites de la vie quotidienne.

Leo faisait très bien les exercices en main et je lui avais montré un signal pour qu'il se rassemble, qui consistait en trois légères tapes sur le côté de son garrot. J'utilisais aussi le mot « axxa ». Le mot provenait d'Alexander, qui l'utilisait simplement parce que c'était un mot doux, et mon hypothèse est que le mot trouve son origine dans le « A fois A » de Pythagore. D'une certaine façon, le plus important provient de la somme de toutes les parties. C'est une bonne façon de décrire le rassemblement du cheval. Le mot n'est pas important. N'importe quel son ou mot pourrait être utilisé.

J'ai réchauffé Leo au sol et il a très bien fait. Puis, lorsque je l'ai monté et lui ai demandé de marcher puis de se rassembler en lui donnant les trois tapes... rien. Trois tapes et « axxa », rien. J'ai mis pied à terre et l'ai mené en main en lui donnant les trois tapes et en disant « axxa » et il s'est bien rassemblé, comme d'habitude. Il a fallu quelques répétitions pour qu'il comprenne de le faire lorsque j'étais en selle. Ces légers changements, par exemple, le fait que je sois en selle au lieu d'être au sol, poussaient le cheval à se demander s'il devait faire la même chose qu'avant. Après la monte réussie, Leo se rassemblait en me rejoignant et en se plaçant à côté de moi, que je le lui aie demandé ou non. Je me demande s'il disait : « Tu vois? Je peux le faire n'importe quand! »

J'ai trouvé que la meilleure façon de montrer les demi-airs ou les airs au-dessus du sol était en essayant de rediriger l'exubérance du cheval pendant qu'il joue. Vous souvenez-vous? Il est possible d'utiliser ce que le cheval fait naturellement. Par exemple, courir avec le cheval et jouer à la

« tag », ou se poursuivre à tour de rôle. Lorsque le cheval courait vers moi ou arrivait par-derrière, je me tournais soudainement et faisais un geste avec tout mon corps pour l'inciter à se lever. Je n'avais pas besoin d'exagérer le mouvement. Dans les films d'Alexander, vous pouvez voir les mouvements subtils qu'il fait constamment, si vous regardez attentivement. Ce mouvement provoque généralement l'arrêt et un léger cabrer. Lorsque cela se produisait, je disais « hup ». Il n'a pas fallu beaucoup de temps pour que le cheval comprenne que je voulais qu'il se cabre quand je tirais le cordéo vers le haut en répétant le mot « hup ». Garder une branche en hauteur près d'une patte avant aidait le cheval à comprendre que je voulais qu'il garde la pose. Je voulais continuer la connexion avec la branche. Une autre possibilité était de faire le sifflement à deux tons pour lui dire : « Reste là, ne fais rien d'autre ». Cela demande de la pratique, mais chaque seconde supplémentaire est une amélioration.

La pirouette a été facile à montrer à Phantom. Elle faisait de petites levades très facilement et je n'ai pas eu besoin d'attendre longtemps pour ajouter le signal du cordéo lui indiquant de tourner en même temps. La levade demande plus de force et de contrôle. C'est comme de faire la moitié d'un redressement assis plutôt que de le faire au complet. La pratique de cet air au sol est appelée « cadran », pour faire référence à une horloge. Nous étions placés au centre de quatre cônes représentant midi, trois heures, six heures et neuf heures. Au début, nous faisions face à midi et je demandais au cheval de faire un mouvement de soulever/rotation de son avant-train en direction du cône indiquant trois heures. Le cheval devait se déplacer sur le côté tout en gardant ses pattes arrière à la même position, comme s'il était l'aiguille de l'horloge. Également, à partir de midi, nous nous dirigions vers neuf heures, vers six heures, vers trois heures et de nouveau à midi. Ce n'était pas parfait au début. Même le mot « parfait » est subjectif parce que je permettais au cheval de faire de son mieux et c'était suffisant. Avec la pratique, un lever doux, contrôlé et rassemblé apparaissait tout naturellement et il atterrissait finalement en douceur par habitude. Cela a été possible en assemblant de petits exercices et demandait du temps et de la pratique, mais c'était amusant.

Pendant nos jeux, je voulais que les chevaux aient un certain niveau de contrôle de soi et j'ai appris comment bouger mon corps pour les inciter à faire certains mouvements naturels. Cela aussi a pris du temps. Éventuellement, les chevaux ont compris que je dirigeais le jeu. Ils ne couraient pas de manière incontrôlable, mais me regardaient en cherchant des suggestions et ils me voyaient aussi agir spontanément. Je courais à pleine vitesse, puis hésitais en m'arrêtant presque avant de recommencer à courir à pleine vitesse dans la même direction. En réaction à cela, Leo a fait le terre à terre, par accident. Le terre à terre ressemble à un petit galop hésitant et interrompu en sautant vers l'avant comme un lapin. Encore une fois, j'ai pu intégrer un signal qu'il a compris et ensuite, il était capable de faire le mouvement sur demande.

Ma façon d'enseigner les différents mouvements variait beaucoup d'un cheval à l'autre et aussi selon la personne à qui j'expliquais comment l'enseigner. Même lorsque j'expliquais comment le faire, il s'agissait seulement d'une possibilité. La méthode décrite pouvait être subtilement modifiée ou totalement adaptée et changée.

Plus d'une fois, pendant une fin de semaine que je passais avec une famille pour leur enseigner ce que je sais, un des enfants arrivait lorsque nous étions dans le manège. Cet enfant retardataire, dans les différentes familles, avait entre neuf et douze ans. Après avoir expliqué mes idées et donné des exemples aux adultes, je m'arrêtais et je demandais à l'enfant en question de faire quelque chose de précis avec le cheval sans lui expliquer comment. Aucun indice, aucun conseil, rien. Je lui disais seulement : « Si tu devais demander au cheval de mettre sa patte sur ce baril, comment t'y prendrais-tu? » Ou : « Si tu voulais que le cheval se lève un peu sur ses pattes arrière, qu'est-ce que tu ferais? » Je suis toujours stupéfié lorsque l'enfant, qui n'a pas passé des heures à m'écouter et n'a pas regardé les diapositives et les vidéos, et ne m'a même pas vu essayer de communiquer avec un cheval dans le manège, n'avait presque pas besoin de réfléchir avant d'exécuter le mouvement parfaitement, exactement comme je l'aurais fait. De plus, l'enfant obtenait souvent une réaction correcte de la part du cheval. Après avoir vu cela se produire avec des enfants de familles différentes, si un enfant de la famille venait me rendre visite, je lui demandais de montrer quelque chose à un cheval sans lui donner d'indication, dans le cadre d'une expérience personnelle. J'utilisais des exemples pour aider les adultes à comprendre. Pourtant, pour la plupart des adultes, trouver une façon de communiquer avec un cheval demeurait un mystère total et un énorme défi.

La jument arabe que les autres avaient classée comme folle, dangereuse ou sans valeur a été l'une des premières à venir à moi pour me montrer ce qu'elle avait observé pendant mes leçons avec les autres chevaux. Elle était toujours très énergique et, par conséquent, plutôt en forme. Dès que je me suis éloigné d'un des chevaux, elle a trotté jusqu'à moi, a pris la bonne position et a exécuté une jambette. Lorsque Phantom m'a montré ce qu'elle pouvait faire sans que j'aie à lui montrer personnellement en main, j'ai essayé de prendre des raccourcis. J'ai placé la branche à la hauteur de son poitrail et lui ai demandé de lever sa patte. J'ai regardé sa patte, levé mon bras en l'avançant pour qu'elle m'imite, et elle a levé sa patte parfaitement pour toucher à la branche. Même si elle l'avait fait sans aucune aide de ma part, c'était important pour moi de lui montrer à toucher la branche. Je ne lui ai demandé qu'une fois et l'ai félicitée avant de l'inviter à courir avec moi pour retourner à l'écurie, où je lui ai donné une pomme Cortland. Cette petite pomme rouge et sucrée est sa préférée. Puis, nous avons couru ensemble dans les alentours en nous poursuivant. Ensuite, je lui ai fait comprendre que la course était terminée. Je suis tout de même resté avec elle en lui donnant toute mon attention. Elle s'est roulée et a brouté; pendant qu'elle faisait ce qu'elle voulait, je restais avec elle en lui parlant et en grattant légèrement son garrot ou m'assoyais dans l'herbe tout près.

Il est aussi important de noter qu'au début, elle posait lourdement son sabot au sol après une jambette. Lorsque je grattais les chevaux, ils voulaient souvent me gratter à leur tour. Mais je ne suis pas un cheval et je n'accepte pas, ou ne peux pas supporter, leur façon de se gratter mutuellement. Je leur disais à l'aide du mot « doucement ». Ils ont appris le sens de ce mot. Après que Phantom ait frappé le sol avec son sabot, je l'ai corrigée en disant « non », lui ai demandé de refaire une jambette et pendant qu'elle la faisait, lui ai dit : « doucement ».

Elle a posé son sabot doucement.

Je pense que, souvent, les chevaux attendent seulement qu'on leur donne une chance de prouver leurs capacités. Pas dans le sens qu'ils ont quelque chose à prouver, ils sont différents des humains de ce côté-là. Ils attendent qu'une porte s'ouvre assez grand en nous pour recevoir ce qu'ils veulent nous montrer, ce à quoi ils pensent ou ce dont ils sont capables, malgré ce que nous avons toujours cru. Ils attendent cette occasion, ou nous donnent des signes, même si nous ne les remarquons pas souvent, pour essayer de nous rejoindre.

Phantom avait un caractère direct et a sauté sur l'occasion lorsqu'elle s'est présentée. Elle annonçait aux autres chevaux que c'était son tour en les menaçant pour qu'ils gardent leurs distances. Elle couchait ses oreilles et donnait des coups de pied, mais je ne voyais pas cela comme de l'agressivité. C'était plutôt une façon de rappeler aux autres qu'elle n'avait pas encore fini et qu'elle voulait qu'ils restent loin. J'ai compris cela en observant les réactions des autres chevaux. Leo venait même, par moments, de loin, pour poursuivre en courant un cheval qui voulait interrompre la leçon de Phantom et moi. Parfois, sa démonstration me concernait. Elle n'était pas agressive et ne cherchait pas à m'avertir d'une attaque imminente; c'était une façon d'exprimer sa frustration et de me dire : « Bon sang! Écoute-moi! »

Si je croyais que je comprenais et écoutais Phantom auparavant, son entrée en Haute École m'a prouvé que je n'avais pas tout vu. Après ce jour, notre relation n'a pas cessé de s'améliorer. Avait-elle tellement changé? Non, pas du tout.

Elle m'a fait vraiment changer. J'avais essayé de l'analyser pendant des années pour comprendre sa façon d'agir. Je le faisais dans mon propre petit monde intellectuel de pensée détachée. Elle a fait ressortir le meilleur en moi, ou plutôt : elle m'a finalement débarrassé de ce rideau invisible placé entre moi et elle lorsque nous étions ensemble.

Leo s'est avéré être l'un des meilleurs chevaux avec lesquels progresser en Haute École. Au début, je pensais qu'il n'atteindrait jamais le niveau de base, alors on oublie les niveaux avancés. Il ne semblait pas intéressé à la plupart de ce que je lui montrais et je ne pouvais pas le blâmer. Nous avions parcouru une longue route ensemble et malheureusement, je lui avais fait subir au moins une partie de toutes les nouvelles méthodes qui faisaient leur apparition dans le monde équestre. Je croyais qu'il serait un cheval tranquille, léthargique et indifférent. Je ne l'ignorais pas et essayais de lui montrer des choses. C'était moi qui étais léthargique et indifférent. Je pensais que Leo ne progresserait pas bien à cause de mes propres idées préconçues. Il voyait que je faisais un effort. Il approuvait évidemment cet effort. Il utilisait l'humour pour me rejoindre. Il me rappelait par ses blagues que tout cela était censé être amusant. Nous avons avancé graduellement, mais il m'a donné toute son attention, a vraiment fait de son mieux, et s'est concentré mieux et de manière plus durable que tous les autres chevaux. Il avait toujours hâte que je lui montre ce qui venait après. Il se mettait à jouer lorsqu'il voyait que j'étais submergé.

J'ai essayé de rejoindre Pepper, l'Appaloosa, de manière très différente. Je l'avais adopté et j'ai dû y penser longtemps avant d'accepter de le prendre, parce que je savais que si je le prenais, c'était pour la vie. Un de ses anciens propriétaires allait faire des randonnées avec lui, mais un problème s'est présenté. Il allait très bien, sans aucun problème, pour les vingt à quarante premières minutes, puis il commençait à ruer comme un fou avant de se mettre à galoper à toute vitesse. Chez moi, je l'ai laissé tranquille et il savait que je le laisserais tranquille s'il était incertain à propos de quoi que ce soit. Si je l'appelais, il venait me voir, mais dès que je lui mettais un cordéo pour lui montrer quelque chose, il essayait, devenait incertain, surchargé et s'enfuyait. Je répète qu'un cordéo est une corde douce qui est placée autour du cou du cheval, près du garrot, et descend jusqu'au centre du poitrail environ. Le cordéo est utilisé pour prendre contact avec le cheval par le biais de légers signaux. Il peut remplacer un mot ou un geste avec la main. Par exemple, le soulever doucement pendant la marche était un signal d'arrêt. Le tirer vers la droite ou vers la gauche le faisait tourner à droite ou à gauche, comme avec des rênes. À l'arrêt, cela pouvait indiquer au cheval de déplacer son poids d'un côté ou de l'autre. Deux petits coups vers le haut pouvaient indiquer une levade. Trois pouvaient demander une pesade. C'est un moyen de communication, pas de contrôle. Un cordéo n'arrêtera pas un cheval, que ce soit en selle ou au sol. Pepper m'a finalement clairement montré qu'il ne voulait qu'aucun type d'équipement ne soit utilisé avec lui. La simple vue d'une selle le faisait s'enfuir en courant.

Il m'avait vu travailler avec les autres chevaux lorsque nous utilisions un baril pour nous pratiquer. Un jour, je l'ai appelé et il est venu volontairement comme toujours. Je l'ai flatté et je voulais qu'il marche avec moi. Il l'a fait, mais il a ralenti et est passé derrière moi avant de s'arrêter devant un baril. Il le poussait avec son nez et me regardait. Je n'ai pas hésité. J'ai tiré le baril pour le placer à l'ombre, sur le côté. J'ai demandé à Pepper de venir et de se placer à côté de moi devant le baril, ce qu'il a fait. Je n'avais rien dans mes mains et il ne portait aucun équipement. J'ai placé mon pied sur le baril et lui ai demandé de faire de même. Il y a pensé et a levé son sabot, mais a seulement touché le côté du baril. Je lui ai demandé encore et il m'a juste regardé. Je lui ai demandé une fois de plus et ai touché l'arrière de sa patte avec mon doigt. C'était trop de pression pour lui. Il est devenu nerveux, s'est retourné et est parti. J'étais désappointé, mais je l'ai laissé s'en aller. J'ai remis le baril où il était, suis allé voir Pepper, ai flatté son cou et lui ai dit que c'était correct.

Dans le monde équestre traditionnel, cela serait perçu comme terminer l'entraînement sur une mauvaise note, ou pire, récompenser le cheval pour être parti. J'essayais d'interagir avec Pepper pour lui montrer que notre façon de faire n'était pas celle qu'il avait connue dans le passé. J'étais tout à fait conscient de cette différence, mais il doutait de mes intentions. Il lui faudrait du temps pour voir cette différence. En le laissant s'en aller sans le forcer ou le punir, je lui ai donné une première preuve comme quoi je considérais ce qu'il pensait. Je savais qu'il avait des problèmes émotionnels et physiques et c'est ce sur quoi je me concentrais. Il était clairement intéressé à essayer des choses avec moi, mais c'était aussi très clair pour moi à quel point il était incertain et effrayé. Le rassurer et lui démontrer de la compréhension le mettait en confiance; il me faisait plus confiance et il voulait essayer encore.

Le jour suivant, lorsque je marchais dans le champ, il

est venu me voir en trottant. Je l'ai accueilli et félicité en lui grattant le garrot. Il s'est parfaitement placé à côté de moi. Il m'a regardé avec une lueur dans le regard et a repris sa place. Il réfléchissait. Il me disait qu'il voulait essayer ce que nous avions commencé le jour précédent. Son attitude m'a fait croire qu'il avait compris ce que je voulais lui demander, et puisque je lui avais laissé sa liberté, il est revenu, plein de bonne volonté et de curiosité.

Une fois de plus, j'ai glissé le baril juste devant nous. J'ai décidé d'y aller beaucoup plus lentement, et pour éviter de le toucher, j'ai placé ma main droite sur le baril, regardé sa patte et, en silence, j'ai donné un coup de tête vers le baril comme pour lui dire : « Allez, montre-moi donc comment du fais ça! » Il a levé sa patte droite et l'a placée sur le baril. J'ai laissé mon bonheur circuler sans être physiquement ou extatiquement démonstratif. J'ai gratté son garrot et lui ai fait un câlin. J'avais trouvé l'endroit magique de chaque cheval, où ils adoraient se faire flatter avec une pression précise. Il m'a regardé comme beaucoup d'autres chevaux, avec surprise, comme s'il me dirait : « C'est tout ce que tu voulais? »

Je me suis arrêté là et j'ai tiré le baril de quelques pieds pour le ramener où je l'avais pris. Pepper s'en est approché de lui-même et a encore levé sa patte et touché le côté du baril. Il n'avait pas fait assez d'exercice ou d'étirements pour être capable de toucher le dessus du baril. J'ai ramené le baril et l'ai remis en position. De nouveau, j'ai mis ma main droite sur le baril et il a placé son sabot droit. Je l'ai félicité, puis j'ai mis ma main gauche sur le baril. Il a placé son sabot gauche sur le baril. Je m'étais ajusté à ce qui, selon moi, serait confortable pour lui et, même si les choses s'étaient passées différemment qu'avec les autres chevaux pour le même exercice, ça a quand même fonctionné.

Il existe une infinité de façons d'inspirer un cheval ou d'éveiller sa curiosité pour qu'il comprenne un message. Une autre façon de réaliser l'expérience précédente serait par le «jeu du miroir». Certains chevaux comprennent mieux si nous nous plaçons devant eux plutôt qu'à côté d'eux pour leur montrer à lever la patte correspondante. Le baril se trouve entre nous et si nous levons la jambe gauche, le cheval lèvera la patte droite. C'est comme de voir le cheval comme étant votre propre réflexion dans un miroir.

Il s'agissait d'un grand progrès pour Pepper. Est-ce que cela l'a automatiquement débarrassé de toutes ses peurs et de toute son anxiété? Non. Comme les gens qui essaient de gérer positivement leurs problèmes personnels, Pepper les gérait en repoussant ses limites petit à petit. Après l'exercice du baril, il a accepté le cordéo, mais je ne pouvais pas le tenir. Au moins, il comprenait que, lorsque je lui mettais le cordéo, nous allions essayer quelque chose ensemble. Pendant qu'il portait le cordéo, je lui demandais de marcher avec moi. Il marchait à mes côtés sans que je le touche. Après de courtes promenades quotidiennes avec lui dans le champ pendant une semaine, j'ai commencé à lever lentement ma main et à toucher légèrement le cordéo pendant que nous avancions. Il était à l'aise. Lorsque j'ai finalement tenu le cordéo et qu'il a senti un tout petit contact, il a cessé d'avancer. Je me suis dit que cela serait excellent si je lui demandais de s'arrêter. J'ai légèrement soulevé le cordéo de son garrot et lui ai demandé de marcher, mais après seulement quelques pas, il devenait envahi par le doute et s'enfuyait en courant. J'ai suivi la même façon de faire que lors du premier jour de travail. Il se méfiait du cordéo; peut-être qu'il le considérait comme une contrainte, alors je l'ai enlevé. Nous avons continué de marcher et de trotter ensemble pendant que je gardais le bout de mes doigts contre le bas de son cou, sur le côté. Lorsqu'il a été capable de se retenir de s'enfuir à toute vitesse, je lui ai remis le cordéo sans en faire de cas en répétant la même routine. Cela s'est passé comme s'il n'y avait jamais eu de problème avec le cordéo auparavant. Nous pouvions trotter ensemble à vitesse régulière en contrôle total pendant que je tenais le cordéo.

Si le cordéo avait continué de poser problème, j'aurais totalement cessé de l'utiliser avec Pepper. Je ne serais pas resté fixé sur l'idée selon laquelle il fallait absolument que nous soyons capables de faire ce que les autres chevaux faisaient. Je respectais ce qui fonctionnait pour chaque cheval. J'aurais simplement dû trouver des signaux différents si je n'avais pas utilisé de cordéo.

Les chevaux savaient que j'avais toujours quelque chose de nouveau à leur montrer et, sans répéter constamment, avec beaucoup de jeu et de récompenses à la fin de la séance, ils avaient toujours hâte de découvrir ce que nous allions faire le jour suivant.

Comme je l'ai mentionné plus haut, nous avons appris dès le départ que donner trop de gâteries était une mauvaise habitude et se rapprochait trop du conditionnement opérant, ou de ce qu'on appelle le dressage au clicker, en vue de récompenser un comportement précis. Le clicker, une petite boîte qu'on tient dans la main et qui émet un « clic » lorsqu'on presse son bouton, tient lieu de pont. Le pont sert à indiquer quand la réaction désirée a eu lieu. Cela fait partie du conditionnement classique, mais je ne veux pas aller plus loin que cela. Le clicker est un outil puissant et, malgré les protestations et les arguments du public pour le défendre ou justifier son utilisation, il n'est pas utilisé dans la NHE. Le résultat obtenu avec le clicker diffère de celui obtenu par le biais d'une vraie relation. Vous pouvez voir les résultats persistants résultant d'un dressage par la récompense du comportement dans les premiers films d'Alexander, lorsqu'il fait la grimace après s'être fait pincer par des chevaux qui protestent : « Hey! Elle est où ma récompense? » Pour conserver des conditions d'apprentissage calmes, concentrées et valides, une récompense à la fin uniquement rend l'*ensemble* de l'expérience très éducative et plaisante. J'aime la nourriture et je sais que cela peut provoquer une grande motivation pour les chevaux. Toutefois, nous ne voulons pas tellement obtenir une réaction précise du cheval, mais plutôt l'encourager à réfléchir. L'objectif est que la communication claire et visible entraîne la réflexion et la compréhension. La réaction est le résultat de la réflexion et de la compréhension.

Pensez-y comme s'il s'agissait de racler une pelouse couverte de feuilles. Vous faites savoir aux enfants qu'ils doivent faire une tâche durant la journée, leur préparez un excellent déjeuner, puis sortez pour racler des feuilles. Vous êtes heureux, enthousiaste et leur demandez leur coopération en rendant le tout amusant. Une grande part de jeu peut être intégrée en faisant des blagues, en se lançant des feuilles, en sautant dans les tas de feuilles et en riant beaucoup. C'est un travail d'équipe. Un travail en famille. La tâche prévue est terminée, c'était bien agréable, et pour couronner le tout, sans que cela ne soit la seule motivation, parents et enfants vont manger un cornet de crème glacée. C'est très différent d'exiger quelque chose de vos enfants, et qu'ils le fassent à condition de recevoir en échange un cornet de crème glacée après chaque coup de râteau.

Je n'avais pas le luxe de pouvoir utiliser un manège intérieur pour être tranquille ou prévenir les distractions, mais aussi longtemps que les conditions extérieures étaient correctes, les chevaux me donnaient toujours le meilleur d'eux-mêmes inconditionnellement.

Même si tous les chevaux étaient libres ensemble, je travaillais avec un cheval à la fois. La devise de l'école d'Alexander est : « Le cheval a toujours raison ». Ils ont le droit de dire non. J'ai aussi le droit de dire non. Lorsqu'un autre cheval s'approchait pour avoir de l'attention, je lui disais non et lui demandais de s'éloigner, en allant dans l'autre direction avec mon étudiant du moment. Leo est devenu mon garde du corps et, après qu'il ait empêché un cheval de nous interrompre, ce cheval imitait l'action en en empêchant un autre de nous déranger. Tout comme Phantom, ils voulaient tous de l'attention individuelle. À la fin, quand j'étais avec un étudiant, les autres chevaux attendaient patiemment leur tour à distance tous ensemble et venaient seulement quand je les appelais.

La NHE de A à Z

Un travail aussi simple ne suffisait pas pour que les gens comprennent. Je pense qu'un des problèmes principaux des gens était qu'ils devaient abandonner la mentalité du « patron ». C'est une mentalité très enracinée en nous, comme humains, et pour entrer en relation, c'est très néfaste, en particulier avec les chevaux.

Il était inévitable que les explications initiales d'Alexandre concernant l'amour et le respect du cheval soient remplacées en partie par des preuves scientifiques. La sensibilisation et l'éducation aux faits scientifiques concernant l'aspect physique du cheval sont devenus des éléments essentiels pour lui. Alexandre, inspiré par la formation continue en hippologie de Lydia, a pensé à la phrase : « Le cheval est une science exacte ». Pour les romantiques ou ceux qui s'accrochaient au vieux rêve d'avoir une relation merveilleuse et pleine de compréhension avec un cheval, ce transfert du côté de la science a été extrêmement choquant ou désappointant. Toutefois, rien n'a changé concernant la façon dont les chevaux étaient traités et l'importance de construire la relation. Faire appel à la science pour prouver sérieusement que les réactions physiologiques des chevaux et des humains sont semblables pourrait avoir comme conséquence de faire cesser beaucoup de méthodes actuelles de dressage et d'utilisation des chevaux. Si ces preuves étaient diffusées, il serait clair pour tous que la façon généralement admise d'utiliser les chevaux pourrait souvent être qualifiée d'abusive. Étant donné que beaucoup des problèmes de santé communs et leurs causes, ainsi que la mort prématurée des chevaux, sont souvent passés sous silence pour que l'industrie puisse poursuivre ses activités, le Centre de recherches Nevzorov (Nevzorov Research Center) a été créé. Sa mission est de révéler ce qui a été ignoré ou non étudié en profondeur concernant les dommages physiques directs aux chevaux provenant des idées, de l'entraînement, de la compétition et de l'utilisation communs et traditionnels

Les droits des animaux sont importants pour Lydia et elle est végétarienne. Elle croit que les gens obtiendraient de meilleures réactions de la part de leurs chevaux s'ils ne mangeaient pas de viande. Non seulement une alimentation végétarienne nous donne plus d'énergie et de clarté d'esprit, mais elle change aussi notre odeur. Cela, bien sûr, pourrait influencer nos interactions avec les chevaux.

Il est logique que mon chien me trouve très intéressant si mon haleine sent le steak au barbecue. Il n'est pas difficile de croire que cela pourrait être un peu répulsif pour mes amis herbivores, les chevaux. Pas seulement à cause de l'odeur, mais aussi parce que nous ingérons la viande : elle est transformée et intégrée dans notre corps. Ce qui émane de nos pores a réellement un effet sur ceux qui nous entourent. Les humains, à la base, ne sont pas de vrais mangeurs de viande comme les carnivores. Nos corps n'y sont pas idéalement adaptés. Nous pouvons choisir de manger de la viande et nous avons certainement été conditionnés à le faire à cause des normes, sans même nous en rendre compte.

Au niveau physique, la consommation quotidienne de viande rouge n'est pas bonne pour nous. Elle a été reliée à l'arthrite rhumatoïde, augmente le taux de cholestérol à cause des gras saturés, augmente la pression sanguine, bloque les artères et contribue au cancer et aux maladies du cœur. Elle brouille aussi nos pensées et augmente notre agressivité. Lorsqu'un animal est sur le point de se faire tuer, les émotions qu'il ressent entraînent la libération d'enzymes de peur et d'agression en vue de sa mort imminente et sont absorbées dans la chair de l'animal. Si nous sommes ce que nous mangeons, alors nous assimilons ces horribles petites molécules. Elles deviennent une partie de nous.

Au niveau énergétique, la viande, les fruits, les légumes, les fleurs, tout ce qui vit a un niveau vibratoire. Les fruits et légumes ont le niveau le plus élevé, alors que parmi les viandes, le niveau le plus bas est celui du porc. Cet aspect serait important pour une personne cherchant à augmenter sont niveau ou sa conscience spirituelle. Les aliments que nous choisissons de manger nous influencent vraiment, de manière directe ou indirecte. Les effets peuvent être instantanés ou causés par une lente accumulation dans le corps. Le type d'alimentation quotidienne ou les aliments les plus populaires de la société actuelle sont pratiques, mais laissent beaucoup à désirer relativement à la valeur nutritive. Faire des choix santé conscients et éviter les aliments transformés sont des pas dans la bonne direction. Toutefois, en faisant cela, quelqu'un pourrait marcher dans les allées d'une épicerie en examinant toutes les étagères bien remplies et en sortir les mains vides.

La photographie Kirlian[1] révèle le champ d'énergie des objets. Ceux qui connaissent l'aura humaine, cette énergie de lumière qui nous entoure, et que certains appellent l'esprit, savent que les animaux ont aussi un aura. Une photo Kirlian fascinante montrait l'énergie d'une feuille, tout entourée de lumière. Puis, une partie de la feuille a été arrachée et on a pris une deuxième photographie. Non seulement la nouvelle photo montrait que l'énergie autour de la section de la feuille qui avait été arrachée était toujours présente, mais également, la section arrachée avait encore de l'énergie. C'était comme une image résiduelle de la feuille complète, même s'il en manquait physiquement une partie. Rappelez-vous que c'est un processus scientifique applicable à tous les objets conducteurs d'électricité et qu'il est possible de l'interpréter de différentes manières. Même si nous pouvons l'analyser en détail, nous ne savons pas toujours exactement ce que cela peut représenter.

Entre la science et les auras, les opinions s'affrontent. Toutefois, celle façon de concevoir la circulation de l'énergie est utile dans les arts de guérison, comme l'acupuncture. Je trouve étrange que peu de nouveaux éléments n'aient été découverts depuis cette photo, parue en 1939. La seule recherche que je connais est celle du Dr Konstantin Korotkov[2] de l'Université de la Russie, à l'École technique des technologies, de la mécanique et de l'optique informationnelles de l'État de Saint-Pétersbourg. Il utilise une méthode particulière nommée l'électro-optique. Lorsque vous mangez un morceau de viande, vous ingérez et digérez, en plus de la viande, une partie de l'aura ou énergie, qui *est* l'animal. De quoi alimenter vos réflexions.

Ce que Lydia et moi nommons l'« odeur » va beaucoup plus loin que les odeurs du corps. Avant de connaître quoi que ce soit concernant les réactions de base provenant de la neuroscience des sens olfactifs, j'étais conscient de l'importance de la courtoisie. Je passais la plupart de mon temps avec des chevaux, mais je remarquais toujours qu'ils réagissaient beaucoup si j'avais bu une tasse de café fort juste avant d'aller les voir. Lorsque j'essayais d'arrêter de fumer, j'ai découvert les Tic-Tac. J'apportais ces petites pastilles à la menthe partout avec moi. À un moment donné, j'en mangeais tellement que j'étais devenu un pot-pourri ambulant de menthe. Au moins, les chevaux étaient plutôt intéressés et ouverts à moi, au lieu de me trouver déplaisant. C'est une chose à considérer. Par contre, évitez l'eau de Cologne, le parfum et les savons très parfumés. Comme je l'ai déjà mentionné, je joue avec mes chevaux et je ne me préoccupe pas des taches sur mes vêtements. Je ne m'arrêterai pas pour changer de bottes ou de pantalons si je dois marcher sur un chemin boueux. Je ne me change pas quatre fois par jour si je dois faire autre chose ou aller quelque part. Je finis par faire comme les chevaux, sauf que ça ne me va pas aussi bien. Je me sens mieux en me comportant comme eux et cela fonctionne bien pour moi.

En passant, je dois mentionner que je ne suis pas végétarien. Si je dois manger de la viande, je préfère la poitrine de poulet, si possible, parce que, parmi toutes les viandes et volailles, c'est la seule option alcaline. Je parle du pH de notre corps. L'acidité n'est pas bonne, l'alcalinité l'est. Il ne faut pas choisir un extrême ou un autre, mais tendre légèrement vers l'alcalinité. Un pH de 7,0 est neutre, un pH de 7,35 à 7,45 est excellent. Le pH d'un aliment ne se reflète pas toujours dans son goût; il dépend plutôt de la façon dont l'aliment est métabolisé dans le corps. Par exemple, les citrons figurent au sommet de la liste des aliments alcalins. Dans leur état prédigéré, ils sont acides, mais pas après leur absorption et leur conversion par le corps. Après une journée longue, chaude et poussiéreuse, un autre de mes aliments préférés est la bière pression. Parmi tous les vins, les liqueurs et les autres bières, c'est ce qui est le plus alcalin. Pourquoi est-ce important pour moi? Je ne tiens pas à nommer une étude en particulier parce que, personnellement, me souvenir du fait me suffit. En laboratoire, si vous mettez des cellules cancéreuses actives dans un milieu alcalin, elles sont tuées. Le cancer ne frappe pas au hasard. Souvent, d'une façon ou d'une autre, nous le créons. La liste d'aliments et de breuvages placée selon le tableau d'acidité et d'alcalinité[3] est longue. Je vous recommande d'aller la consulter. Vivez sainement.

La capacité intellectuelle des chevaux, les effets néfastes de la monte, la santé du corps humain et l'énergie invisible sont étayés de différentes informations et tout le monde a une opinion, pour ou contre, ces théories. Si j'ai une pensée que je n'aurais pas eue normalement et à laquelle je n'aurais pas porté attention, la remarquer suffit pour que j'essaie d'en savoir plus. La plupart du temps, je me rends compte que j'en connais plus que je ne l'aurais pensé.

Pour ou contre la NHE

J'ai déjà parlé de la différence entre ceux qui rêvent d'avoir un cheval et la réalité quotidienne de la vie avec les chevaux. Les chanceux qui ont leurs chevaux chez eux sont heureux de revenir à une vie plus simple qui leur permet de profiter de la beauté que le cheval leur inspirait au départ. C'est comme si un nouveau monde complexe s'ouvrait entre eux et le cheval.

Quelques personnes du Chili m'ont demandé de leur enseigner la NHE. Dans les deux cas, il s'agissait d'individus exploitant un centre de villégiature pour les touristes. L'une des propriétaires offrait un forfait faisant la promotion de randonnées de minuit à cheval. Elle aimait vraiment ses chevaux et elle voulait que je vienne pour lui enseigner la NHE. Maintenant, rappelez-vous que la NHE retire tout l'équipement de contrôle du cheval. Nous tentons d'atteindre l'esprit du cheval pour obtenir un vrai apprentissage et une coopération volontaire, plutôt que le contrôle physique. Par la communication, nous permettons au cheval d'être expressif, et encourageons la réflexion et le développement de son caractère et non sa suppression. Pour que le cheval puisse vouloir être avec nous, il faut lui permettre de dire non. La femme aimait tous ces aspects, mais elle gagnait sa vie avec son entreprise et remettait ses chevaux à des étrangers chaque soir pour qu'ils fassent une randonnée dans les montagnes. C'est un exemple de cas où je devais répéter ce qu'Alexandre disait aux gens qui voulaient suivre des cours avec lui au début. Il leur disait : « Allez voir Parelli. » En réalité, dans ce cas, je lui ai dit de continuer avec la méthode de Parelli. Non pas parce que Parelli est un prérequis à la NHE, mais parce qu'elle avait besoin que ses chevaux se la ferment et obéissent aux étrangers sur leur dos pendant les randonnées nocturnes dans les montagnes.

L'exemple précédent montre que la NHE n'est pas juste une autre méthode de dressage. Il est très important de savoir ce que la personne veut faire avec ses chevaux et que ce n'est pas pour tout le monde. La femme, au cours de son cheminement, a vécu un conflit entre ce que son cœur désirait et la réalité qu'elle avait construite. La phrase d'Alexandre a causé de la confusion au début, parce que Parelli était présenté comme l'un des plus grands dresseurs de chevaux dans le premier film d'Alexander. Comme la plupart des gens dans le monde équestre, nous avions aussi expérimenté cette méthode. J'ai même essayé de la justifier en encourageant les gens inexpérimentés à gagner de la confiance par les sept jeux au sol. Comme je l'ai déjà dit, nous nous sommes rapidement rendu compte que c'était très mauvais dans le contexte de la NHE et nous avons tout à fait abandonné cette méthode.

Presque tous les dresseurs, après avoir vu une présentation en surface de la NHE, voulaient ajouter la NHE à leur répertoire de méthodes. Les gens qui voyaient Alexander assis sur un cheval sans bride faisant une pesade (le cheval qui se cabre à au moins 45 degrés) sur la couverture d'un magazine l'associaient à toutes sortes de choses. En général, ils pensaient au spectacle dramatique que cela donnerait et à la manière dont leur entreprise pourrait en bénéficier. Soit ils comprenaient avec le temps, soit ils échouaient complètement à comprendre la profondeur de la NHE. Ce n'était pas le résultat final qui comptait, mais ce qui venait avant.

Les premières demandes authentiques que j'ai reçues venaient de cavaliers typiques provenant de toutes les disciplines équestres. La différence était qu'ils avaient eu des accidents. Le cheval ne pouvait pas être monté, ou le cavalier était grièvement blessé, ou les deux. Durant la convalescence, simplement en s'occupant du cheval ou en étant avec lui, les cavaliers commençaient à voir le cheval sous une lumière différente. Ils me disaient qu'ils avaient commencé à penser à ce qu'ils avaient l'habitude de faire avant l'accident. Ces pensées les attristaient. L'accident et le temps d'arrêt leur permettaient de voir un côté du cheval qui n'avait jamais été révélé par le passé ou qu'ils avaient ignoré, simplement en s'occupant du cheval blessé chaque jour. Cela pouvait aussi venir de la manière d'agir du cheval avec une personne blessée qui ne faisait rien en sa compagnie pendant des heures. Puisque la monte n'était plus possible, ces personnes commençaient à se demander ce qu'ils pouvaient faire d'autre avec leur cheval. Elles avaient atteint ce point par une longue réflexion et un désir honnête de se racheter ou parce qu'elles commençaient à voir le cheval comme un être authentiquement individuel.

Mon cheminement avec la NHE, avec Lydia et Alexandre, les gens que j'ai rencontrés par le forum, l'évolution des sujets et la recherche continue m'ont fourni une grande expérience et beaucoup de connaissances. Comme pour beaucoup d'autres, cela me demandait une grande partie de mon temps et beaucoup de dévouement, autant sur le forum que hors ligne.

Durant ces courtes années, des gens de partout dans le monde me contactaient avec l'espoir de discuter des grands changements se produisant dans le monde du cheval. Nous avions surtout traité de la relation cheval-humain et du point de vue différent; pourtant, les gens semblaient être tellement désespérés de trouver une meilleure voie, pas seulement avec les chevaux, mais dans leur vie même. Ils avaient besoin de changement, d'adopter une nouvelle compréhension, d'amour et d'acceptation. Le développement personnel est devenu une part très importante des renseignements fournis par la NHE. Peut-être que la nature vraie et simple des chevaux est ce qui attire les gens cherchant des réponses plus profondes. En retour, nous nous rendons compte que les chevaux nous forcent à être vraiment nous-mêmes.

J'écris cela parce que c'était la force et la motivation prédominantes de la majorité des gens qui me contactaient. Toutefois, je ne faisais que partager mes expériences avec les chevaux. Je ne suis pas un sauveur. D'une façon ou d'une autre, la clé était l'amour. C'était de l'amour vivement souhaité mais jamais atteint; un amour perdu et que rien au monde ne pourrait remplacer. À l'autre extrême, certains se sentaient menacés de la perte de leur gagne-pain traditionnel, comme si la NHE allait soudainement transformer le milieu équestre. Cette peur et cette animosité et, peut-être, la culpabilité se présentaient très souvent lorsque la NHE a commencé à être présentée dans le monde. La même réaction s'est produite lorsque le mouvement *barefoot* (sans fers) a commencé à apparaître dans les écuries. Si un changement de point de vue concernant les chevaux peut être perçu comme une menace au monde du cheval traditionnel, cela me porte à croire que les changements de conscience dont j'ai été témoin ne sont pas seulement réels, mais répandus.

Des gens venaient aussi sans permission sur ma terre et se cachaient pour prendre des photos, comme des paparazzis. Je me suis souvent demandé pourquoi les gens pensaient qu'ils devaient se cacher plutôt que de me demander la permission de faire une visite ou de me poser des questions. On dirait que le mur des croyances intérieures existe aussi chez les gens. D'un autre côté, je recevais des appels durant le jour et au milieu de la nuit, parfois pour me demander agressivement des réponses détaillées au sujet des méthodes, ne respectant ni la politesse, ni la vie privée. Quelqu'un a même essayé de voler un de nos chevaux et des gens venaient chez moi sans préavis ou parcouraient des milliers de kilomètres pour cogner à ma porte, s'attendant à pouvoir vivre chez moi pendant que je leur montrerais un nouveau mode de vie avec les chevaux.

Ma vie a changé vers ce qu'elle est maintenant lorsque j'ai décidé de passer de nouveau du temps avec un cheval à l'âge adulte. À la suite de ce que j'avais appris depuis cette époque, mais surtout, après m'être débarrassé de toutes sortes de faussetés, j'avais beaucoup d'empathie pour ceux qui me contactaient désespérément. J'ai souvent écrit que nous, en tant qu'humains, étions séparés de la nature et avions besoin de revenir à notre nature véritable. Je ressentais trop fortement leur tristesse ou leur frustration découlant des tragédies, cœurs brisés et rejets si communs dans la vie moderne. J'y étais devenu sensible. Ces gens me touchaient profondément de beaucoup de façons et parfois, c'était plus que je ne pouvais en supporter.

L'expérience a grandement affecté ma vie professionnelle et personnelle, en bien et en mal, et j'avais besoin de me retirer de la scène publique. Ceux qui me connaissaient ont vu cela venir bien avant moi.

La NHE a évolué et surmonté l'adversité venant avec les nouvelles idées et est devenue plutôt distincte dans le monde. La monte n'étant plus le but principal, l'école attirait ceux qui voulaient en savoir plus sur la santé des chevaux et les possibilités de relations véritables existant au-delà des idées préconçues. D'autres ont pris ma place pour participer au mouvement pendant que je me suis retiré, pour soutenir les autres et continuer d'enseigner. Grâce à beaucoup de persévérance, la mission de Lydia a pris forme pour devenir ce qu'elle était destinée à être. Comme l'anthropologue Margaret Meade a déjà dit : « Ne doutez jamais qu'un petit groupe de gens engagés peut changer le monde. En fait, c'est ainsi que cela s'est toujours passé. »

Un pont vers l'inconnu

L'un des aspects les plus difficiles à gérer était la réaction positive inexplicable des chevaux. Par exemple, dans les chapitres *Le premier indice* et *Le jour où tout a changé*, tout se passait bien et soudainement, une révélation avait lieu. La partie positive était ce que les chevaux faisaient par la suite. J'ai décrit les émotions et projections de ces révélations comme des explosions d'images et de scénarios durant une milliseconde, serrées dans le nœud de mon propre amour pour les chevaux. Je dois admettre qu'il n'était pas facile pour moi de répéter l'expérience volontairement. Ces moments arrivaient par eux-mêmes. J'ai compris plus tard que durant ce moment, lorsque j'étais déjà calme, que j'acceptais ce qui se passait en étant en accord avec le moment, et que je ressentais honnêtement l'émotion, cela semblait rejoindre le cheval et il y réagissait. La pensée et l'action précédentes du cheval semblaient disparaître, la peur ou le stress s'en allaient complètement et le cheval revenait à moi parfaitement calme et prêt à m'écouter. J'ai seulement donné quelques exemples, mais d'autres combinaient la même explosion de sentiments, d'émotions ou de pensées claires et calmes, et même s'ils étaient un peu moins dramatiques que ceux que j'ai écrits plus haut, j'obtenais les mêmes résultats inexplicables.

Cela était difficile pour moi parce que je ne pouvais pas obtenir de réponse satisfaisante concernant ce qui s'était passé. Je savais bien que quelque chose s'était passé, mais beaucoup d'explications étaient possibles et, même si elles étaient peut-être vraies, elles ne me portaient pas à croire ce que mon esprit pouvait concevoir sur le moment. Je n'affirme pas que j'ai les mots pour décrire précisément ce qui s'est passé. Je crois que cela pourrait découler de la somme de différentes parties qui ont pris place au bon moment. Puis, j'ai trouvé une partie plausible de la réponse dans ce que je ne voulais pas explorer : la science. Pour moi, cela enlèverait la magie de ces moments. Toutefois, plus j'en apprenais sur le sujet, plus cela avait du sens pour moi. Au moins, même si quelque chose a été prouvé, mesuré et contrôlé, cette chose détient toujours une part de merveilleux, comme le miracle de la vie même.

Des gens ont toujours cru que le cœur répondait à l'information envoyée par le cerveau. Durant l'époque d'Hippocrate, certains croyaient que le cœur avait une fonction bien plus grande. Le stress et les émotions influencent certainement le reste du corps de différentes façons. En 1991, le Dr J. Andrew Armour de l'Université de Montréal a découvert que le cœur avait, d'une certaine façon, son propre cerveau. Un réseau d'environ 40 000 neurones a été découvert dans le muscle cardiaque. Le cœur a sa propre mémoire et peut agir indépendamment du système nerveux central. Ces neurones envoient des signaux au cerveau et peuvent altérer les ondes du cerveau. Ils le font de quatre façons : neurologiquement (par la transmission d'impulsion nerveuse), biochimiquement (par les hormones et les neurotransmetteurs), biophysiquement (par les ondes de pression et énergétiquement (par les interactions du champ électromagnétique).

L'Institut HeartMath[1], situé à Boulder Creek, en Californie, effectue des recherches continues et a découvert que le cœur peut obtenir de l'information provenant de l'environnement extérieur et nous envoyer des signaux pouvant communément être appelés « intuition ». Une situation peut sembler normale ou bonne à nos yeux ou selon notre cerveau, mais, pour une raison ou une autre, un sentiment de malaise intérieur nous dit qu'il en est autrement. J'ai pris tellement de décisions et compris tant de choses par rapport aux chevaux quand j'étais avec eux, sans être capable de l'expliquer. Il est important de noter que l'intuition est une conscience soudaine et inexplicable, non un sentiment. Ce n'est pas une émotion qui nous remplit à l'improviste. Si vous ressentez de la peur, par exemple, ce n'est pas de l'intuition. Nos émotions sont reliées à nos pensées. Si l'intuition signale un danger, ce signal, de lui-même, est simplement quelque chose qui nous arrive soudainement. Par la suite, la peur peut rapidement se faire sentir à cause du signal de danger perçu. L'intuition apporte des réponses avant que la question n'ait été posée.

Le cœur et le cerveau peuvent se synchroniser. De plus, le cœur crée un champ magnétique cinq mille fois plus grand que celui du cerveau et peut affecter le rythme et les signaux de quelqu'un d'autre. Également, quelqu'un peut apprendre à se synchroniser à une autre personne pour que la perception et la communication deviennent beaucoup plus claires. En d'autres mots, le rythme cardiaque d'une personne peut influencer les ondes cérébrales d'une autre en les amenant à la même fréquence. Cette communication est influencée par les émotions et est plus importante lorsqu'une personne prend soin d'une autre personne, l'aime et l'apprécie. L'électroencéphalogramme (EEG) et l'électrocardiogramme (ECG) ont tendance à atteindre la même fréquence au sein d'une personne ou entre deux personnes; les résultats sont plus forts si les personnes sont très proches et encore plus si elles se touchent. Cette syntonisation des rythmes entre le cœur et la tête améliore aussi la performance cognitive. Cet échange d'énergie entre les tissus vivants inspire également des théories importantes sur la pratique de la guérison.

C'est une brève description des études de l'Institut de HearthMath. Laissez-moi répéter que je n'affirme pas qu'une telle synchronisation a eu lieu entre le cheval et moi, mais elle s'est certainement produite à l'occasion à un certain niveau et, depuis que j'en suis conscient, encore plus souvent. Cela se rattache à ce que j'ai écrit sur le besoin de gérer le stress de la vie quotidienne avant d'aller faire des activités productives ou positives avec les chevaux. Durant la journée, le stress et les réactions négatives au stress, comme la colère et l'hostilité, peuvent devenir des habitudes, ce qui augmente le niveau de cortisol (l'hormone de stress ultime) dans notre système. Les hauts niveaux de cortisol peuvent causer de la léthargie, affaiblir le système immunitaire, causer des problèmes cardiaques et le diabète, et faire prendre du poids. Je pense que ceux qui sont arrivés au point de vouloir explorer le sens plus large de la vie qui nous entoure et l'apprécier à sa juste valeur trouvent que la vie moderne est très difficile. Il est de plus en plus difficile d'aller travailler dans un monde de béton, de recevoir un chèque de paie, d'être pris dans un cubicule huit heures par jour. Cette vie moderne cause de plus en plus de frustration, est de moins en moins satisfaisante et devient un grand encouragement à changer d'emploi, de style de vie, même de lieu d'habitation. En tout cas, c'est ce qui m'est arrivé.

Cela n'a pas été créé en laboratoire, mais existait en nous bien avant que des études aient été faites sur le sujet. Des techniques ou des noms différents dans différentes cultures autour du monde ont peut-être examiné ces idées, mais seuls ceux les ayant vécues personnellement y croyaient fortement. Tout le monde, même ceux qui n'y connaissent rien, doit avoir vécu des moments de pleine conscience ou, à l'occasion, avoir reconnu que quelque chose d'inexplicable venait de se passer, au moins une fois dans sa vie. Je peux vous donner un exemple simple. Ma conjointe et moi étions assis et écoutions une présentation donnée par Twaminik Rankin[2], un Canadien, homme médecine et leader spirituel de la nation algonquine. Il a commencé la cérémonie en brûlant de la sauge, puis a fait passer une petite bouteille d'huile de pin pour que chaque participant en respire profondément. Il nous a demandé de nous concentrer sur le petit tambour qu'il frappait en disant que cela nous aiderait à nous ajuster aux battements de notre cœur. Des cérémonies anciennes, la méditation ou même un bain relaxant ont des effets similaires. Même si un mystère a été expliqué par la science, je trouve que cela n'en enlève pas le merveilleux. Le mystère peut nous aider à reconnaître le monde qui nous entoure et à en prendre conscience. Cette étude révèle le potentiel que nous avons en tant qu'individus et dans l'ensemble de se rejoindre, même de manière non physique, d'être liés ou unifiés, de se concentrer, de comprendre, de guérir, de se sentir bien, en offrant le meilleur de soi.

Les plantes ont aussi joué un rôle important pour la guérison et le bien-être dans l'histoire humaine. Les expériences les plus anciennes avec les plantes médicinales proviennent de la culture chinoise. Cependant, cela se passait au niveau physique seulement (de la plante à l'humain). L'aspect qui provoquait souvent des doutes entraînait aussi des réactions physiques, sans pouvoir être vu, était l'effet des odeurs sur les humains ou les animaux. C'est très réel et a été utilisé de façon négative pour créer les bombes puantes ultimes qui produiraient des inconforts extrêmes à l'ennemi. La vanille est une odeur calmante universelle pour les humains, à cause de sa relation avec le lait maternel. L'odeur d'urine de chat n'est pas seulement déplaisante pour moi; elle affecte mon comportement en me rendant fâché et agressif. Elle allume instantanément un interrupteur dans mon cerveau. Heureusement, je l'ai remarqué et j'ai appris à me contrôler. Nous avons aussi appris que les phéromones fonctionnaient vraiment. Comme le disent les cowboys : « Le cheval peut sentir ta peur. »

Voici un autre exemple, que je ne peux pas expliquer logiquement, mais qui s'est produit à plusieurs reprises avec nos chevaux. J'étais en train de penser à un mouvement que je voulais montrer aux chevaux et je les visualisais clairement en train de bien le faire. C'était le soir, et le lendemain je prévoyais le leur enseigner. Je divisais le mouvement en étapes simples, pour que le cheval sache que je voulais qu'il déplace son poids, sache comment se tenir, comment combiner un déplacement de poids avec un autre mouvement comme le lever d'une patte avant, les mots que je pourrais utiliser ou les signes de la main que le cheval connaissait déjà ou devrait apprendre. Je regardais des photos où des chevaux faisaient des mouvements similaires en liberté. Est-ce que le mouvement auquel je pensais serait compris en un seul mouvement ou en une seule séance, ou devrais-je le diviser en plusieurs étapes? J'étais concentré là-dessus et je me réjouissais du processus, confiant que le cheval serait capable de me comprendre. Tout cela avant que je mette le pied dehors pour aller voir les chevaux.

Il m'est souvent arrivé de sortir le matin suivant et, lorsque les chevaux me voyaient, ils se réveillaient de leurs ruminations ou de leur repos au soleil, se mettaient à trotter et chacun démontrait les petits mouvements que j'avais visualisés la veille. J'avais déjà en partie montré ces mouvements aux chevaux. Mes pensées prenaient vie lorsque je voyais plusieurs chevaux au trot parfaitement rassemblé, faisant le piaffe, la levade ou se couchant. Ils faisaient tout cela avant que je mette le pied dans leur pâturage. Je pourrais dire qu'il s'agissait d'une coïncidence et que les chevaux avaient juste envie de faire quelque chose. Je me souviens avoir vu un cheval lever sa tête de l'herbe qu'il broutait, me regarder surpris avec des yeux éveillés pleins de lumière, comme s'il avait compris quelque chose, et faire une cabriole. Je n'en croyais pas mes yeux. Je n'avais jamais montré ces mouvements au cheval, mais c'était ce que j'avais en tête, en particulier pour ce cheval, parce que je croyais qu'il avait la meilleure conformation pour effectuer la cabriole avec grâce et puissance.

Je recommande souvent aux gens de visualiser en détail ce qu'ils veulent faire avec le cheval. La visualisation fonctionne pour les athlètes, en particulier les athlètes olympiques, et je crois qu'elle nous aide à nous sentir plus sûrs de nous lorsque nous sommes avec les chevaux. Il ne faut pas hésiter ou y aller à l'aveuglette lorsque nous essayons de communiquer quelque chose au cheval. Il saura si nous sommes perdus dans notre propre incertitude ou notre propre doute et cela ne ferait que briser la connexion entre nous.

Le cheval qui a effectué avec brio la cabriole était Pepper, l'Appaloosa. Sa façon de me regarder la première fois qu'il l'a faite me porte à croire qu'il avait lu mes pensées. Comme si une lumière s'était soudainement allumée dans sa tête. Il savait que j'étais impressionné par ce qu'il avait fait; il le faisait encore presque chaque fois que j'allais le voir. Je devais lui demander à l'avance de relaxer et de ne rien faire. Un cheval grand et fort se levant sur les pattes arrière, puis sautant dans les airs avec ses quatre pattes en donnant un coup de ses pattes arrière dans le vide sans avertissement est dangereux pour moi, pour les autres personnes et pour les autres chevaux.

Je ne peux pas expliquer ce qui a eu lieu à ce moment-là et, pour être honnête, ce n'est pas quelque chose que j'ai raconté à d'autres. Cela s'est produit et continue de se produire, et peut-être qu'une grande partie du mystère est simplement le fait que ma visualisation et ma bonne préparation font de moi un meilleur professeur lorsque je suis avec les chevaux. C'est ce que je me dis lorsque j'essaie de trouver la logique de ce qui s'est passé.

Me voici, en train d'essayer d'expliquer quelque chose que j'ai vécu personnellement, mais je semble avoir du mal à l'accepter, non? Lorsque je donnais des cours d'équitation à une autre écurie, tous mes étudiants utilisaient une bride sans mors. Ils étaient âgés de six à soixante ans. Toutefois, la majorité d'entre eux avaient moins de vingt ans. Les chevaux utilisés pour les cours étaient ceux en attente pour les randonnées et ils étaient d'âge varié. Le public pouvait les louer. Je les louais à l'écurie pour mes cours. Lorsque j'enseignais dans le manège, je ne pensais jamais au niveau de dressage des chevaux. En fait, c'était des chevaux de randonnée. Ils portaient un cavalier et suivaient le cheval devant eux. Cependant, nous faisions des merveilles dans le manège. Une semaine après l'autre, les pensionnaires à l'écurie observaient ce que les enfants étaient capables d'accomplir avec ces chevaux. C'était le seul endroit où les gens n'avaient rien à redire à propos de la monte sans mors. De loin, certains ne remarquaient pas la différence et prenaient simplement pour acquis que les brides avaient des mors.

Une femme avait décidé de vendre sa jument arabe. Elle m'a demandé si je connaissais des gens qui pourraient être intéressés. Elle trouvait la jument trop difficile et elle devait se battre constamment avec elle pour la contrôler pendant les randonnées. Lors d'une journée ensoleillée, pendant un de mes cours, elle m'a interrompu parce qu'elle voulait me parler. L'une de ses amies partait en randonnée et la femme était déjà découragée parce qu'elle savait comment sa jument se comportait, mais elle voulait y aller. Voir un enfant de huit ans faire du dressage avec un cheval de randonnée sans mors suffisait pour la convaincre de tenter sa chance. Elle se disait qu'elle n'avait rien à perdre à essayer une bride sans mors. Elle était désespérée. Je lui ai dit d'en prendre une dans mon casier et de l'utiliser comme si c'était une bride normale, mais qu'elle devait tirer moins fort. Je lui ai dit de garder ses rênes légèrement lâches et de serrer le poing pour communiquer au cheval par les rênes, puis si cela ne fonctionnait pas, d'augmenter graduellement la pression. Même la rêne d'urgence fonctionnait; au moins, cela ne ferait pas autant de dommage au cheval. Je me sentais plutôt mal à l'aise de devoir expliquer cela à une personne qui montait avec un mors. Je savais aussi qu'elle était nerveuse, alors je voulais être certain qu'elle savait bien quoi faire.

J'ai continué à donner mes cours et quelques heures plus tard, elle a fait trotter son cheval jusqu'en face du manège et m'a appelé. Je venais juste de finir le cours et j'allais retourner à l'écurie, mais elle parlait déjà sans arrêt avant même que j'atteigne la barrière. Elle disait qu'elle avait du mal à le croire. C'était la meilleure randonnée qu'elle ait jamais faite avec son cheval. Elle n'avait eu absolument aucun problème, pas de combat, pas de difficultés. La jument faisait les transitions entre les allures pour accélérer ou ralentir et s'arrêtait sur demande. Elle a indiqué à quel point la jument était calme pendant qu'elle parlait. L'expression du visage de la femme devenait plus intense à mesure qu'elle approchait de la fin de son histoire. Elle exprimait un mélange de stupéfaction totale, de bonheur et de choc. C'était comme si elle avait des expressions différentes en même temps[3]. Elle m'a remercié et m'a dit que si la monte sans mors faisait autant de différence pour elle et son cheval, elle ferait la transition. Je lui ai dit qu'elle pouvait utiliser ma bride sans mors autant qu'elle le voulait.

Je savais qu'elle allait à l'écurie durant la semaine, mais je la voyais seulement la fin de semaine parce que c'est à ce moment-là que j'y allais. Quand je l'ai revue, elle avait l'air déprimé et m'a dit qu'elle avait vendu son cheval. L'acheteur venait ce jour-là. Je lui ai dit que son problème avait été résolu à sa dernière randonnée. Elle m'a dit que c'était vrai, mais qu'elle était tellement habituée de monter avec un mors qu'elle ne se voyait pas monter sans mors tout le temps. Quand elle avait essayé de monter pendant la semaine avec d'autres personnes, ces dernières l'avaient convaincue d'utiliser le mors en lui disant que c'était plus sécuritaire et la seule façon de contrôler son cheval fou. Les randonnées ont été désastreuses. Lorsqu'on lui a fait une offre vers la fin de la semaine, elle l'a acceptée.

Avant qu'elle ne décide de monter avec ma bride, je n'avais jamais eu de discussion avec elle à ce sujet. Elle l'a essayée et expérimentée directement et a vu le grand changement dans le comportement de sa jument. Pour la première fois en deux ans, elle était contente de sa jument parce qu'elle avait fait une excellente randonnée. Elle s'était convaincue elle-même. Malheureusement, elle était conditionnée à utiliser le mors. Malgré sa propre expérience, elle n'a plus remonté sans mors à cause de l'insistance des autres, qui lui répétaient tout ce que tout le monde dit au sujet du contrôle du cheval. Ils répétaient ce qu'on leur avait toujours dit.

Le jour où elle a monté sa jument sans mors et m'a dit que ç'avait été la meilleure randonnée de sa vie s'est effacé devant la pression sociale et le scepticisme, à cause de son manque de compréhension du fonctionnement des deux types de brides. Si elle avait étudié les problèmes causés par le mors, elle aurait peut-être résisté aux pressions des autres. Toutefois, elle est revenue à son habitude. Il a fallu peu de choses pour la convaincre d'ignorer ce qu'elle venait juste de découvrir.

Même si quelque chose de nouveau se trouvait juste devant ses yeux et qu'elle avait constaté les résultats positifs, c'était trop différent pour qu'elle puisse l'accepter. Maintenant, elle allait embarquer sa jument dans une remorque pour la dernière fois. J'ai vu, une fois de plus, des émotions multiples sur son visage.

Cela m'a toujours impressionné. Auparavant, je me demandais comment les gens pouvaient ne pas accepter ce qu'ils avaient expérimenté personnellement. La plupart des gens disent : « Je vais le croire quand je vais le voir », mais parfois, cela ne suffit pas. Et je me suis retrouvé dans la même situation.

Je pense qu'il est important de préciser que nos chevaux me connaissent très bien, et que je les connais très bien. Nous avons passé beaucoup de temps ensemble, établi des méthodes claires de communication physique en interagissant beaucoup. Nous passons aussi du temps à tranquillement se toiletter ou marcher, allons pique-niquer dans la forêt, nous couchons au soleil pour absorber la lumière chaude du matin, jouons à des jeux qui leur font penser à des solutions et courons ensemble pour le plaisir. Quand j'écris « beaucoup de temps », je parle d'années de pratique à reconnaître les regards et signaux les plus subtils entre nous. Est-ce que ma concentration et ma visualisation fonctionneraient aussi bien avec le cheval d'un voisin, avec lequel je n'ai pas passé de temps? J'en doute, même si je n'ai jamais tenté l'expérience. Je ne m'intéresse pas vraiment à ce cheval. Si je faisais un effort délibéré pour essayer, j'aurais toujours une idée fixe à l'esprit et cela ne fonctionnerait probablement pas. Aller voir un cheval dans cet esprit-là, en manquant d'enthousiasme et d'authenticité, entraînerait un échec, j'en suis certain.

Je mentionne tout cela parce que ces éléments peuvent influencer notre relation avec nos chevaux. C'est une conscience de soi-même et du monde partagée par beaucoup d'êtres sur terre. Ce n'est pas juste d'être conscient, mais aussi d'être en mesure de ne pas se laisser décentrer à l'intérieur. Cela vient avec la pratique, mais en être conscient aide à mettre les choses en perspective au cours de notre vie mouvementée moderne. Ce qui est important est de se concentrer sur les ressemblances entre toutes les créatures, et pas sur leurs différences.

Un souvenir me revient, à l'époque j'étais beaucoup plus jeune. Je volais au-dessus de champs en campagne et une idée m'a frappée pendant que je regardais en bas. L'apparence ou la structure physique du monde, d'en haut, n'était pas tellement différente que lorsque j'étais sur le plancher des vaches. Je pouvais voir de légères stries ou de petits monticules sur le sol, de petits courants d'eau, la vie qui suivait son cours. En étant au-dessus du sol et en voyant la vie selon une autre perspective, j'ai compris pour la première fois que nous n'étions ni seuls, ni uniques. La vie est la même à différents niveaux et nous sommes tous reliés.

Lorsque j'ai lu *Des bêtes et des hommes : apprenez à communiquer avec les animaux et à les comprendre* de J. Allen Boone[4] pour la première fois, j'ai trouvé que c'était assez ridicule. Toutefois, certaines parties avaient du sens et étaient un peu reliées à mon vécu. J'ai eu le goût de relire le livre et en le faisant, j'ai trouvé qu'il allait plus loin que la simple histoire de quelqu'un qui prend soin d'un chien pendant que ses maîtres sont partis et apprend à communiquer avec le chien. Bien sûr, c'est bien le sujet du livre, mais avec le temps et mon expérience avec les chevaux, je pouvais m'y reconnaître de plus en plus. J'ai lu le deuxième livre. Même s'il ne parle pas de chevaux, c'est un des livres que je recommande aux propriétaires de chevaux qui veulent apprendre à créer une meilleure relation. Ce n'est pas une méthode, ni un manuel de dressage. C'est ce que les gens doivent comprendre pour construire une relation. Il faut être prêt à rejoindre l'autre et rester ouvert. Cela peut être avec les gens, les chevaux ou d'autres animaux. Une relation a besoin de temps pour se développer. Il faut que les sentiments soient honnêtes et viennent du cœur, et même si nous avons une idée de ce que nous voulons, il ne faut pas que tout soit planifié dans le détail. On ne peut pas forcer les choses. Elles ont lieu, tout simplement.

Notre désir d'avoir une relation pleine de compréhension avec un animal n'en crée pas une instantanément. Le potentiel est bien là, mais varie selon l'individu avec lequel nous voulons entrer en relation. J'ai des amis, et j'ai de très bons amis. Une relation peut commencer lentement et se former fortement et une autre peut être là tout de suite et continuer de durer et de s'approfondir. Par contre, la confiance, l'amour ou le sentiment d'unité ne suffisent pas. Par exemple, je ne sauterais pas dans la cage d'un lion que je viens de rencontrer. Connaître les possibilités et le potentiel de communication entre les espèces ne signifie pas se jeter au cou d'un cheval pour lui faire un câlin s'il vient me voir pour la première fois. Cela peut sembler évident, mais c'est important parce que j'ai vu des gens devenir tellement enthousiastes, ou dépassés, qu'ils oublient la deuxième partie de l'équation. J'ai aussi vu plus de personnes que je le souhaiterais être si blessées par les événements de leur vie et par la société, attirées intensément par, probablement, l'honnêteté et la beauté des chevaux. Malgré la bonne volonté et la joie ou la consolation qu'elles ont trouvées, elles portaient trop de bagage, trop de blessures et ne créaient pas un pont, mais sautaient de joie sans arrêt, sur place, sans rejoindre le cheval.

Suis-je plus heureux de cette façon? Je ne devrais peut-être pas être surpris que mon « enracinement » spirituel ou ma conscience (ce concept peut être nommé de plusieurs façons) ait évolué plus tard dans ma vie après une interruption. J'ai eu la chance de passer beaucoup de temps dans la forêt lorsque j'avais moins de douze ans. J'allais au chalet dans le nord la fin de semaine et l'été. L'odeur de la terre, des arbres et des plantes éveillait quelque chose en moi. Je n'ai jamais analysé le sentiment ou cherché des explications, mais je ressentais une forme différente de confort au milieu de la forêt, dans le silence, assis entre de grosses racines d'arbres sortant du sol. Cela ne se passait pas il y a si longtemps; pourtant, le ciel était beaucoup plus clair. Maintenant, les étoiles sont visibles de manière éparpillée parmi de grandes zones sombres dans le ciel nocturne; à l'époque, peu de zones ne brillaient pas de lumières paradisiaques de toutes les tailles. Je m'assoyais souvent sur une pierre faisant un espace entre les arbres pour regarder la lune. Le moment semblait couler à travers moi. Je sentais que ma place était là. Néanmoins, la vie continue et change, les années passent, et même si j'avais atteint ce que certains appellent le succès, je n'étais jamais satisfait.

Je ne me considère pas du tout comme un spécialiste

des herbes, de la guérison ou de la spiritualité. J'en suis venu à être confortable avec ce que je ressens et ce qui m'a fait progresser sur ce chemin est de savoir ce que je ne veux pas. De cette façon, si monter sans mors de temps à autre me place hors de la norme, et si tous les choix que j'ai faits sont pris en compte, ma place dans la société est encore plus à part. Je vis peut-être dans une bulle qui retient la beauté que j'ai trouvée. J'essaie d'éviter les généralisations, mais le matérialisme est omniprésent dans la vie de tous les jours : l'individualisme, la mentalité qui associe le succès avec les possessions matérielles, l'aveuglement face à la splendeur de la vie et l'évitement des questions ou pensées intérieures pouvant faire surface dans le calme juste avant le sommeil en sont tous des manifestations. Cela m'attriste beaucoup, non seulement pour les chevaux, mais aussi à cause de la souffrance subie par les gens à cause de cela. Lorsque je sors de mon petit coin plein de verdure, je me sens comme un extraterrestre dans un monde étrange, très loin de la maison. Je me sens mieux quand je me concentre à voir que beaucoup plus est possible. Je ne recherche pas un monde utopique quelque part dans le futur. Le mystère est déjà dévoilé complètement. L'immobilité de la forêt et les chevaux me l'ont montré.

Je n'ai jamais révélé mon expérience à ce sujet, mais si une personne me demandait mon avis sur les possibilités psychiques ou l'intuition, je répondais en disant que j'y croyais, mais que je ne croyais personne affirmant détenir ces pouvoirs. Je me fiais quand même plus à mon intuition. Je ne comprenais pas comment cela fonctionnait, mais je vivais quand même des expériences « paranormales », que je considérais très éloignées du monde extérieur, et j'étais cynique à propos de ce qui venait du monde « normal ». J'étais parvenu à retirer beaucoup de murs en moi, mais j'en avais aussi construit quelques-uns au sujet de la société.

Si j'ai réussi à accepter un cheval inconditionnellement, sans préjugés, il faut par conséquent que j'accepte ce que j'appelle le monde extérieur, y compris les gens. Je préfère bien sûr mon château, mais je dois accepter le monde tel qu'il est, le voir tel qu'il est et espérer créer de petits changements positifs.

Je ne parle pas d'un moment fulgurant arrivé après un roulement de tambours. Pour moi, c'était généralement très subtil. Si subtil que c'était très facile à ignorer si je n'y portais pas attention. Je vais vous donner un exemple. C'était le printemps et la neige avait fondu. Je suis sorti pour ajouter du foin dans le champ pour que les chevaux puissent en avoir assez pour la nuit. J'ai vu quelques-uns des chevaux, mais je ne leur ai pas porté une attention particulière. Lorsque je suis revenu à la maison, je me suis soudainement rendu compte que je n'avais pas vu mon Leo. Les chevaux que j'avais vus étaient près de l'écurie, alors j'avais simplement tenu pour acquis qu'il était derrière l'écurie. Peut-être qu'il y était entré pour boire. J'ai arrêté d'y penser. Pas plus de dix minutes plus tard, j'ai soudainement eu l'idée qu'il était pris dans la clôture derrière la ferme, où se trouvent de vieux poteaux et de la corde entrelacés. Certaines sections comportent le grillage original. Cela servait seulement de barrière visuelle, parce que les chevaux seraient capables de traverser, mais un fossé de cinq pieds de profondeur et de six pieds de large entoure notre terre. Entre le champ d'un voisin et le nôtre, il n'y a même pas de clôture, juste une ligne d'arbres. Avec ou sans clôture, ils pourraient toujours sauter s'ils le voulaient, mais ils restent sur notre terre.

Je n'avais pas vu Leo lorsque j'étais allé donner du foin aux chevaux et je me suis dit que je me faisais juste peur pour rien. Immédiatement, la première pensée est revenue, avec un sentiment d'urgence. Ce n'était pas juste une idée, mais aussi une sorte de picotement dans mon corps, même si ce n'était pas physique. La meilleure façon de décrire la sensation serait comme un gonflement ou une attirance magnétique au diaphragme. En tout cas, je suis allé vérifier la zone derrière l'écurie et j'ai regardé la clôture. Eh bien, Leo était là et ses pattes avant étaient prises dans le grillage. La nouvelle herbe était juste un peu plus verte de l'autre côté. Il ne bougeait pas, je savais qu'il était coincé, mais je lui ai demandé de rester en place quand même, je l'ai rassuré et je lui ai dit que j'allais le sortir de là. Il m'a permis de tirer sur ses pattes pour les libérer du grillage. Pendant que je tirais sur la section de clôture pour l'enlever, je lui ai demandé de reculer, ce qu'il a fait avant de s'arrêter. Je lui ai dit que tout était correct et qu'il avait bien fait de m'appeler. Je suis allé cueillir de l'herbe verte dans notre jardin et la lui ai donnée en le serrant dans mes bras doucement.

J'ai expliqué plus tôt comment je croyais que j'envoyais un message à un cheval à mon insu, mais c'était la première fois que j'avais l'impression que le message *provenait* du cheval. En réalité, c'était peut-être la première fois que je ressentais un message aussi fortement. Après tout, c'est Leo qui m'a présenté une chose à laquelle je n'avais jamais pensé auparavant, lorsqu'il s'est cabré par peur dans le manège et m'a lancé un regard, comme je l'ai décrit dans le chapitre *Au premier coup d'oeil*. Cette dernière situation était toutefois bien différente.

Au début, lorsque nous nous sommes installés dans notre nouvelle maison, nous suivions la routine à laquelle nous étions habitués à l'écurie de pension où nos chevaux se trouvaient. Le garage est devenu une écurie avec cinq box et, même si l'avant de la propriété était clôturé, nous laissions un licou à nos chevaux. Tous les jours, je les transférais un à la fois de l'écurie au paddock. Après un certain temps, j'ai remis en question ce que je faisais. Ce n'était plus nécessaire. Nous étions chez nous, nous pouvions faire ce que nous voulions. Par la suite, j'allais à l'écurie, dont la porte principale était toujours ouverte, j'ouvrais tous les box un après l'autre, je disais « paddock » et les chevaux s'en allaient tous d'eux-mêmes au paddock. Je me suis rendu compte qu'ils n'avaient plus besoin de licou. Je les rentrais toujours la nuit; j'étais peut-être surprotecteur, mais je n'étais pas à l'aise avec l'idée de les laisser libres et sans surveillance.

Un soir du mois d'août, deux mois après nous être établis à notre nouvelle propriété, nous avons rentré les chevaux parce que nous allions souper à l'extérieur. À ce moment-là, nous avions déjà laissé les chevaux seuls durant la nuit, mais un orage s'en venait. Je ne voulais pas risquer de les laisser dehors, exposés aux grands vents, ainsi qu'aux branches cassées et aux objets qui pourraient être portés par le vent. En revenant chez nous plus tard en soirée, nous étions au milieu d'un orage terrible. Des éclairs illuminaient brièvement la noirceur impénétrable et le tonnerre frappait comme un tremblement de terre. Dès que nous sommes arrivés dans la cour, je suis allé voir les chevaux à l'écurie. Il en manquait un. Peut-être que le cheval avait joué avec le verrou ou que j'avais oublié de le serrer avant de partir. En tout cas, la porte était ouverte et Peppy était parti. Je me suis tout de suite précipité dehors en l'appelant, mais je ne pouvais rien voir dans le déluge. À ce moment-là, le poil de Peppy était presque complètement noir, ce qui ne m'aidait pas à le voir dans la noirceur. Je suis allé à l'arrière de l'écurie, dans la zone où j'avais trouvé Léo pris dans la clôture, mais je ne l'ai pas vu sur notre terre ou en regardant dans les champs voisins avec une lampe de poche. J'ai marché rapidement vers la ferme sans savoir quoi faire d'autre. Je ressentais de la panique, de l'impuissance et j'avais peur qu'on me l'ait volé.

Une semaine plus tôt, nous avions perdu notre petit chien, Rupert. Il restait toujours sur notre terre, mais après qu'il m'ait vu traverser la rue pour réparer la boîte aux lettres, il a commencé à traverser la rue pour explorer et il a été frappé et tué par une voiture. Cela m'a fait beaucoup de peine. Je sentais que c'était ma faute, mais surtout, je n'oublierai jamais la vue de son corps sans vie sur l'asphalte. Une minute il était avec nous, puis il n'y était plus. J'aurais tellement voulu pouvoir revenir quelques secondes dans le passé! Nous avions finalement notre propre coin de nature, et notre chien innocent se faisait tuer en pénétrant dans le monde « extérieur ». Pour moi, cela a renforcé la séparation entre une vie ayant de la valeur et la société moderne. Le conducteur ne s'est jamais arrêté, comme c'est souvent le cas sur cette route pour les ratons laveurs, les chats, les cerfs, les écureuils, les poules et même les vaches. Nous savons tous à quel point il est difficile de repérer une vache au milieu de la rue. Le conducteur pensait peut-être qu'il hallucinait. Au village, j'ai entendu quelqu'un raconter qu'il avait frappé un cerf mais qu'il avait juste continué de rouler. Quelque chose a capté son attention par la fenêtre de son côté et, en regardant vers le sol, il a vu le visage du cerf, qui était accroché au véhicule et qui se faisait traîner vivant. Les gens riaient d'entendre son histoire. J'ai eu un haut-le-coeur en pensant à leur totale dissociation et à leur manque de respect pour la vie ou la souffrance. J'ai enterré mon chien sous un arbre derrière l'écurie.

Pendant que je marchais vers l'écurie, j'ai entendu des aboiements très spéciaux et reconnaissables. On dirait que c'était Rupert. Je sais juste que c'est ce que j'ai entendu. Je savais que ça ne pouvait pas être mon chien, je n'ai pas pensé que c'était un signe. Je trouvais juste que le son ressemblait à celui de mon chien, et tout ce que j'entendais à ce moment-là me faisait courir vers sa provenance. Le son provenait de près de l'endroit où je l'avais enterré. J'ai éclairé l'endroit avec la lampe de poche et Peppy était là, debout juste de l'autre côté du fossé.

Pourquoi est-ce que je résistais autant à admettre ce qui s'était passé et pourquoi est-ce que j'étais si embarrassé d'en parler aux autres? Je suppose que c'était parce que j'avais déjà entendu des gens partager des histoires semblables et qu'ils semblaient si heureux de leur propre croyance et en parlaient sans arrêt, et moi je sentais qu'ils étaient totalement déconnectés de ce qui était évident, physiquement, juste devant leurs yeux. J'ai toujours été prudent, parce qu'essayer de me concentrer sur un sentiment par rapport aux chevaux pourrait créer une sorte d'image ou d'histoire dans ma tête, qui pourrait finalement s'avérer être une illusion. Ma seule expérience venait d'événements inattendus s'étant passés avec des chevaux. Je ne les recherchais pas et je n'essayais pas de suivre une technique. Ce n'était pas si étrange à mes yeux.

Beaucoup de gens ne s'y attardent pas, mais disent : « ... Je le savais! Je le sentais dans mes tripes! » C'est la même chose pour l'intuition d'une mère pour son enfant ou des animaux qui savent quand leur maître arrive à la maison[5]. Cela arrive et fait partie de la vie. Il faut juste apprendre à se taire intérieurement et à écouter honnêtement...

Un premier voyage à Hawaï en a entraîné un autre, en tout deux dans la même année. Je me sentais différent quand j'étais là-bas. Peut-être que ce pays donne un aperçu du paradis; en tout cas, mes pensées changeaient quand je visitais différentes îles. Ce n'est pas facile à décrire, mais c'est comme si je perdais mon armure. J'étais plus moi-même, beaucoup plus positif et proactif. Tout semblait plus clair et les feuilles de la jungle étaient plus vives et énergétiquement vibrantes. Comparées aux feuilles ou à l'herbe de chez moi, je trouvais qu'elles semblaient émaner de la lumière de l'intérieur.

Mes recherches pour découvrir pourquoi je me sentais différent quand j'étais là-bas m'ont fait découvrir les lignes d'énergie (*ley lines*), les vortex et les orgones. Certains soutiennent que des lignes d'énergie se croisent pour former une grille couvrant la planète entière. La trajectoire de ces lignes explique beaucoup de mégalithes ou de structures inexpliquées bien connues provenant d'un passé oublié.

Les vortex sont une énergie en spirale se trouvant à un endroit précis. Ils sont proches des lignes d'énergie et sont situés à intervalles égaux sur le globe. Comme les lignes d'énergie, certains encouragent la guérison, et d'autres peuvent avoir des effets négatifs. Le vortex le plus connu aujourd'hui est peut-être celui de Sedona, en Arizona. Un vortex existe à Hamakulia, près d'Hawaï. Cependant, à cet endroit, l'équipement radio et les boussoles ne fonctionnent pas et des avions et bateaux ont disparu. On dit que c'est une zone de forte énergie électromagnétique.

Les orgones représentent la circulation du champ magnétique entre la terre et l'espace et suivent un circuit entre les pôles. Cette énergie est aussi associée aux eaux souterraines, comme les mouvements de l'activité volcanique. Les volcans sont des portails de cette circulation d'énergie. Ces influences sont surtout étudiées par le Feng Shui.

Ce sont des explications très générales et basiques concernant ces trois types de circulation d'énergie sur terre. Même si ce qu'on considère comme un mauvais vortex se trouve près d'Hawaï, les îles n'en font pas partie. Certains affirment que les lignes d'énergie qui traversent Hawaï sont positives. C'est pourquoi beaucoup de gens ont vécu une expérience similaire à la mienne : un enracinement ou une reconnexion à soi-même jumelé à un sentiment de guérison émotionnelle ou spirituelle.

Pourquoi mentionner ces sujets dans un livre sur les chevaux? Que ce soit clair ou non, identifié ou compris, beaucoup de choses influencent le monde qui nous entoure. Les chevaux sont aussi influencés par beaucoup d'éléments de leur environnement. J'ai entendu des histoires selon lesquelles des endroits particuliers étaient continuellement le théâtre de beaucoup de mauvaises choses, comme de la confusion, des pensées floues, des maladies, des accidents et des décès, impliquant des humains et des chevaux.

Les animaux ont tendance à apprécier les zones où l'énergie est positive. Si votre chien aime s'allonger à un endroit en particulier, c'est probablement une ligne d'énergie positive. Ils vont aussi se coucher dans la direction de la ligne. Si des oiseaux migrent dans votre région, leur trajet ou leur orientation indiqueraient aussi une ligne d'énergie. L'exception à ce sujet concerne les chats. Ils sont capables d'absorber l'énergie négative et leur lieu de sommeil préféré se trouve le plus souvent à un endroit où l'énergie est négative. À ces endroits, les arbres sont souvent tordus ou de forme étrange.

La dernière fois que j'ai visité Hawaï, je me suis dit qu'y rester serait une excellente idée. Toutefois, j'ai été rattrapé par ma vie à mon retour à la maison et ces pensées et sentiments ont disparu. À Hawaï, les gens pratiquent le Huna[6]. C'est la croyance en la source de la force de vie, comme le Chi du Tai Chi ou le Ki de l'aïkido. Cela ressemble à plusieurs croyances anciennes ayant existé partout dans le monde. En peu de temps, ces croyances ont été effacées. Ce qui reste du Huna a mieux survécu que ce qui reste du Wicca, par exemple. Les anciens enseignements ont souffert partout dans le monde, comme en Inde, en Australie et chez les Indiens d'Amérique.

Voici un exercice simple. Concentrez-vous sur un point distant au-dessus du niveau de vos yeux, jusqu'à ce que tout le reste semble disparaître ou devenir flou. Puis, laissez lentement apparaître ce qui vous entoure par votre vision périphérique. Cela aide à activer le côté droit du cerveau, les pensées inconscientes ou l'intuition. Le stress, relié au côté gauche du cerveau, est mis de côté et nous sommes ouverts à des pensées plus claires et à des réponses de l'intérieur. Faire cet exercice, ou simplement juste imaginer le faire, pourrait vous permettre de vous rendre compte de la quantité de pensées qui passent dans votre esprit. Ce n'est pas facile de rester concentré et d'éteindre les dialogues internes ou d'éviter les autres pensées.

Peinture par Monica Bretschneider

Conclusion

Généralement, les gens réagissent mieux (ou par de l'indifférence) à ma conception des interactions avec les chevaux qu'à mes autres idées. Si je dis que mon cheval comprend mieux si je lui demande quelque chose d'une certaine manière, avec démonstration à l'appui, personne ne peut dire le contraire, mais seulement reconnaître le fait. Cela n'a aucun impact personnel sur les autres. Nous pouvons aller plus loin si la personne me parle des particularités de son propre cheval. Nous échangeons alors de l'information et peut-être même des questions et des suggestions. Nous ne pouvons pas renier que nous aimons beaucoup parler de nos chevaux.

Beaucoup des faits présentés dans ce livre entraînent aussi les impacts les plus difficiles de la vague de changement. Par exemple, le Dr Robert Cook publie des données sur les effets néfastes des mors pour les chevaux depuis 1997. Son livre, *Du métal dans la bouche du cheval : Les conséquences physiologiques de l'équitation avec un mors*[1], écrit avec le Dr Strasser, a été une révélation pour certains, et en a contrarié beaucoup. Le Centre de recherche Nevzorov a rendu publiques des données sur les effets désastreux du mors sur les chevaux après l'utilisation habituelle. Ces données sont détaillées et terribles. Toutefois, l'information présentée sans prétention en tant que faits mesurés est souvent reçue avec méfiance et considérée comme une insulte.

J'ai vu comment les choses se faisaient avec les chevaux quand j'étais petit. Je regardais des westerns à la télévision, je suis allé au parc d'attractions de Frontier Town, et lorsque je voyais des chevaux, ils portaient tous le même accoutrement. Quand j'ai acheté mon premier cheval, on m'a aussi vendu tout l'équipement usuel et je n'ai pas posé de question. Tout cela semblait normal pour moi.

Le Dr Cook, Alexander Nevzorov et tous ceux qui font de la recherche fournissent des arguments intellectuels. Ce qui fait changer les gens, ce n'est pas des données scientifiques imprimées sur une feuille de papier; ce sont leurs émotions personnelles. Si les gens sont heureux de faire ce qu'ils font, ils n'aiment pas se faire dire de ne pas le faire. Il est très rare que des données brutes changent les croyances bien ancrées d'une personne. Si cela se produit, c'est parce qu'une partie pertinente des émotions reliées directement ou indirectement au cheval de la personne sont touchées. Cette partie est déjà quelque part à l'intérieur. Si les données n'affectent pas la façon dont la personne choisit d'utiliser son cheval, il y a quand même une réaction, mais elle est négative et dirigée vers l'auteur de la recherche.

C'est grâce à Leo que j'ai changé ma façon de concevoir l'équitation. M'ajuster à lui en utilisant au départ seulement un licou pour le monter m'a permis de continuer de faire ce que je voulais faire. Ce petit écart à la tradition était positif et non aliénant. J'en étais rendu à accepter et à changer en fonction de ce qui était bon pour moi. Cette expérience m'a aidé à remarquer les réactions des autres chevaux, à apprendre par moi-même et, finalement, à me préparer aux changements futurs.

Au cours des différentes phases que j'ai traversées avec les chevaux, je n'ai jamais essayé de convaincre les autres de mes croyances. Depuis que j'ai commencé à dresser des chevaux, ce qui attire les gens qui m'observent de loin est ma manière de m'ajuster ou de communiquer en fonction de chaque cheval. Durant ma première année comme représentant de la bride sans mors croisée (dont les courroies se croisent sous la tête du cheval), j'avais placé une annonce dans un journal publié par l'Association Paint Horse du Québec. Une grande partie de l'édition suivante était réservée aux mors, avec de grandes images et beaucoup de texte, comme une sorte de cri. Je me suis rendu compte que j'avais contrarié pas mal de gens. Ce fut ma dernière publicité. Je savais que lorsque les gens seraient prêts pour l'information ou les changements que j'offrais, ils me trouveraient.

Je suis devenu très confortable dans ma vie à la maison avec les chevaux. Parfois, on me rappelle que ce que je trouve parfaitement normal ne l'est pas toujours. Je me suis tellement habitué à la façon d'être des chevaux que je prends leurs expressions et actes de tous les jours pour acquis. Je m'en rends seulement compte quand un visiteur est abasourdi après avoir vu un cheval faire quelque chose de parfaitement normal pour notre petite famille.

Je constate aussi que ma propre expérience m'a apporté ce que je recherche particulièrement avec les chevaux. Je ne parle pas d'un but précis, mais plutôt de résultats qui mènent ultimement à une façon de vivre m'apportant un bonheur satisfaisant. Cette expérience est ce que je chéris le plus. Je suis pleinement conscient que ce que je révèle dans ce livre pourrait ne pas s'avérer être la sorte de bonheur recherché par d'autres.

Ce que j'ai fait fonctionnait pour les chevaux et moi. Les changements que j'ai faits ont augmenté avec les années et j'ai compris que les autres devraient aussi vivre leurs propres expériences. Un changement dans l'équipement n'était que la pointe de l'iceberg. Je sais que faire des sermons ou pointer les autres du doigt produit des disputes intellectuelles qui deviennent parfois aussi émotionnelles. Ces deux aspects peuvent être positifs s'ils sont séparés et distincts. Lorsqu'on les associe durant une dispute, cela bloque toutes les occasions de compréhension et d'apprentissage. Je peux simplement encourager et féliciter les gens intéressés à bien traiter leur cheval selon ce qui les rend à l'aise dans le présent. Je crois sincèrement que ces gens vont progresser et grandir dans leur esprit et dans leur cœur.

L'étude de l'aspect physique du cheval est nécessaire; toutefois, je crois que la recherche médicale n'est qu'une petite partie de la découverte requise dans notre cheminement avec les chevaux.

Je ne crois pas que les chevaux seront un jour aussi protégés que des figurines de cristal verrouillées à l'intérieur d'un présentoir. Et je ne pense pas que c'est ce qu'il faut faire. Une telle image me rappelle le livre *Aes Triplex*, de Robert Louis Stevenson[2], dans lequel il parle d'un scientifique voulant à tout prix préserver sa santé. Il vit en respectant des principes de santé auxquels il croit, en restant dans une pièce dont la température est contrôlée, des chaussures en étain aux pieds, et survit en buvant uniquement du lait tiède. Il existe, mais il ne vit pas.

J'avais cessé ma participation au forum de la NHE, fermé mon site Web, arrêté d'écrire des articles et de donner des consultations au public, et cela avait créé une sorte de temps mort. Je m'étais habitué à passer beaucoup de temps devant l'ordinateur. J'avais du mal à stabiliser mes pensées et mes émotions et à trouver le calme intérieur. Nous savons que passer rapidement des courriels aux liens, des sites Web au clavardage peut favoriser la capacité à faire plusieurs choses en même temps. Tellement d'information se trouve au bout de nos doigts, mais par contre, nous savons aussi que l'utilisation d'Internet peut modifier le cycle de fonctionnement de notre cerveau. Un ancien rat de bibliothèque peut plus tard avoir du mal à s'absorber dans la lecture d'un livre. La réflexion tranquille diminue. Le monde réel est bien trop souvent interrompu et a tendance à se fragmenter tout comme le monde virtuel.

J'étais passé à côté de la vie que j'avais auparavant tellement recherchée. Je n'avais pas réalisé qu'une fois de plus, la vie continuait autour de moi sans que je m'en rende compte. Il m'a fallu plus de six mois pour revenir à moi-même et apprécier une fois de plus le calme des chevaux dans le pâturage au coucher du soleil. Ce n'est qu'après que le rythme ait ralenti et que j'aie recommencé à apprécier le moment présent que j'ai compris que je l'avais perdu pendant si longtemps.

J'avais l'intention d'écrire un livre qui toucherait le cœur de tous ceux qui le liraient. Cela ne s'est pas passé exactement comme je le souhaitais. Ce livre n'est pas une idée abstraite, alors le monde s'y infiltre, avec les problèmes du monde réel. Néanmoins, c'est la diversité qui permet à l'amour de se répandre lorsqu'on le trouve.

La violence physique a diminué dans le monde équestre traditionnel, mais lorsque je regarde autour de moi, au-delà des mots « partenariat », « lien de confiance » et « relation », je vois que les gens continuent de penser que le cheval doit leur obéir, sinon... Très souvent, le terme « naturel » ne veut pas nécessairement dire « sans contrainte ». La plupart des gens qui recherchent des réponses et la vérité veulent entendre ce qui leur convient. Combien de fois la réponse vient-elle vraiment du cheval? Comme je l'ai appris avec Leo, l'opinion des autres, y compris la mienne, n'est pas ce qui compte. Ceux qui sont prêts à entendre une réponse honnête trouveront le cheval de leurs rêves.

Expérimenter la vie et découvrir la grandeur de toute la création est ce qui nous permet de vivre une vie remplie, d'apprendre et d'évoluer. L'esprit et la soif de vie et de connaissances des humains a permis de découvrir presque tout ce qui est imaginable sur terre. Il reste peu de grandes aventures. Il ne s'agit plus de trouver un chemin vers la Chine, d'inventer les bouchons de bouteille ou les ascenseurs, ou d'aller dans l'espace. La quête du confort, de la manipulation et de la domination dans le monde immédiat est presque totalement satisfaite. Malgré cela, il reste encore beaucoup de questions à discuter au sujet des chevaux. Ils continuent de jouer un rôle important dans nos vies et stimulent quelque chose en nous.

Maintenant que nous avons choisi de prendre les risques associés à la vie, d'élargir les limites de nos mondes extérieur et intérieur, si nous avons appris quelque chose, nous ne pouvons qu'inviter le cheval à se joindre à nous dans notre voyage. Les chevaux m'ont montré que le rêve est atteignable en remettant en question toutes mes croyances. Peut-être que, depuis le début, les chevaux nous invitaient à nous joindre à *eux*.

Michael & Pepper

Références

Au premier coup d'oeil
1.   La bride sans mors croisée du Dr Cook
       www.bitlessbridle.com

Communiquer comme un cheval
   1. http://www.parellinaturalhorsetraining.com
   2. www.montyroberts.com
   3. www.jneurosci.org/cgi/content/abstract/25/47/11045
      Ian C. G. Weaver, Frances A. Champagne, Shelley E.
      Brown, Sergiy Dymov, Shakti Sharma, Michael J.
      Meaney et Moshe Szyf
   4. Environnements des premiers stades de vie : Ian C.G.
      Weaver travaille au Developmental and Stem Cell
      Biology Program de l'Hospital for Sick Children, à la
      Toronto Medical Discovery East Tower, Medical and
      Related Sciences Centre (Programme de biologie du
      développement et des cellules souche, de l'Hôpital des
      enfants malades, à la Tour est de découverte médicale
      de Toronto, au Centre des sciences médicales et reliées)

Le premier indice
   1. *Anatomy of Domestic Animals (Anatomie des animaux*

domestiques), 4ᵉ éd., édité par J.D.Grossman, Philadelphie, W.B.Saunders Co., 1953.

La forêt magique

1. *De l'art équestre*, par Xénophon, publié par J. A. Allen (1ᵉʳ août 1999) Langue : Anglais
    ISBN-10 : 0851310419
    ISBN-13 : 978-0851310411

Perception

1. *La force de l'intuition*, par Malcolm Gladwell, publié par Little, Brown and Company, 1ᵉ édition (11 janvier 2005) ISBN-13 : 978-0316172325

La croisée des chemins

1. Roger Sperry, www.nobelprize.org et http://viewzone2.com/bicamx.html

L'expérience de la NHE

1. Nevzorov Haute Ecole, www.hauteecole.ru
2. *The Horse Crucified and Risen* (*Le cheval crucifié et ressuscité*), www.horse-revolution.com
3. Natural Horse Magazine, www.naturalhorse.com
4. mayoclinic.com/health/bedsores/ds00570/dsection=causes

La NHE de A à Z

1. Les archives de l'American Art Journal du Smithsonian Institute
2. Électrophotonique, Dr Konstantin Korotkov, www.korotkov.org
3. Tableau des aliments acides/alcalins (un exemple) angelfire.com/az/sthurston/acid_alkaline_foods_list.html

Un pont vers l'inconnu

1.   Institute of HeartMath, www.heartmath.org
2.   Dominique (t8aminik) Rankin,
      www.dominiquerankin.ca
3.   http://viewzone2.com/bicamx.html par Dan Eden
4.   *Des bêtes et des hommes : apprenez à communiquer avec les animaux et à les comprendre*, par J. Allen Boone, HarperOne (28 janvier 1976) Langue : Anglais   ISBN-10: 0060609125 ISBN-13 : 978-0060609122
5.   *Ces chiens qui attendent leur maître et autres pouvoirs inexpliqués des animaux*, par Rupert Sheldrake
      ISBN-13 : 978-0609805336
6.   Huna, www.ancienthuna.com

Conclusion

1.   *Metal in the Mouth - The Abusive Effects of Bitted Bridles* (*Du métal dans la bouche – Les effets néfastes des brides avec mors*), publié par Sabine Kells, 1ᵉ édition (2003) Langue : Anglais ISBN-10 : 0968598854
      ISBN-13 : 978-0968598856
2.   *Aes Triplex* par Robert Louis Stevenson, Mosher,
      Deuxième édition de Mosher (1ᵉʳ janvier 1903) ASIN : B0026CSU48

À propos de l'auteur

Grâce aux chevaux, Michael Bevilacqua a laissé derrière lui une vie moderne en ville pour suivre son cœur. Il est retourné aux chevaux, à la nature et à son vrai soi.

En s'éloignant rapidement des méthodes de dressage traditionnelles, il a découvert la beauté et la simplicité des relations honnêtes avec les chevaux. Par le biais de son entreprise, Equi-Forme, basée au Québec, il a choisi de suivre sa propre idée du dressage et de l'éducation et de changer de manière positive la vie de beaucoup de gens et de chevaux.

Pour faire la promotion du bien-être du cheval, il a aidé à bâtir la partie internationale du site de la Haute École de Nevzorov et en est devenu le représentant principal. Ses articles ont touché le cœur et l'esprit de propriétaires de chevaux autour du monde. Il a fermé son entreprise de dressage de chevaux pour enseigner aux humains. Considéré comme un vrai maître et un enseignant doué, il est recherché pour donner des séminaires qui aident à faire ressortir le meilleur de nos chevaux et de nous-mêmes.

www.ingramcontent.com/pod-product-compliance
Lightning Source LLC
Chambersburg PA
CBHW070854290526
45795CB00001B/112